Hammerwitze

Ein Mann geht mit seiner Tochter zum FKK Strand. Dann fragt die Tochter Papa was hast du da unten. Er sagt „das ist meine Ente, das sind die Eier, und außen rum ist ein Nest." Dann schläft der Papa ein und wacht nach einer Stunde wieder auf. „Tochter was hast du gemacht?" Sie sagt "Ich habe mit der Ente gespielt dann wurde sie ganz dick hat mich angespuckt, dann habe ich ihr den Hals umgedreht die Eier zerbrochen und das Nest angezündet!"

Mutti, ich habe gesehen, was Papa mit der Nachbarin gemacht hat. Zuerst hat er sie ausgezogen, dann hat sie seine Hose aufgemacht, dann hat er sie geküsst und dann..." "Ich hab jetzt keine Zeit", unterbricht sie ihn, "das kannst du nachher alles auf Papas Geburtstagsfeier erzählen. „Als die Gäste versammelt sind, legt Max los: "Papa war vorhin bei der Nachbarin. Zuerst hat er sie aus-gezogen, dann hat sie seine Hose aufgemacht, dann hat er sie geküsst und dann ... äh, Mutti, wie heißt das Ding, das du immer in den Mund nimmst, wenn Onkel Erwin zu Besuch kommt?"

Der Großvater ist gestorben Die Enkelin fragt nun die Großmutter, aus welchem tragischen Grund der Opa gestorben sei. Die Großmutter offenbart nun der Enkelin: "Tja, meine Kleine, der Opa ist beim Sonntag-Morgen-Sex gestorben."
Die Enkelin völlig entsetzt: "Was, in euerm Alter habt ihr noch Sex?" Darauf die Oma: "Ja, ja. Sonntagmorgens war immer recht gut, immer im Rhythmus des Glockenschlages. Beim Ding rein und beim Dong wieder raus." Die Enkelin kann es nicht glauben und fragt erneut nach. Darauf wieder die Großmutter: "Ja, ja, wie schon gesagt, beim Ding rein und beim Dong wieder raus, und wenn dieser beschissene Eiswagen mit seinem blöden Gebimmel nicht gewesen wäre, dann wär der Opa noch am Leben."

Im Wartezimmer beim Frauenarzt sagt die junge Patientin zur dicken Jutta: „Gehen sie ruhig vor mir rein, dann hat der Doktor bei mir wenigstens warme Finger!"

Warum lecken Blondinen immer an ihrer Uhr? Weil sie gehört haben, dass Tic Tac nur zwei Kalorien hat.
Warum fahren Ostfriesen immer mit einem Messer Auto? Damit sie die Kurven besser schneiden können!

Am Samstagmorgen, der Vater hat unheimlich Lust seine Frau zu vernaschen, aber was soll in der Zeit mit dem achtjährigen Sohn passieren?
Kurzerhand schickt er diesen auf den Balkon: "Schau mal was so los ist, und erzähle es uns". Vati ist mit Mutti schon schwer am rödeln als die Stimme des Kleinen vom Balkon tönt: "Müllers haben sich ein neues Auto gekauft, einen Golf!" Der Vater keucht: "Super, beobachte weiter" .Zwei Minuten später, vom Balkon: "Meiers bekommen gerade Besuch aus Frankfurt". Der Vater keucht wieder: "OK, beobachte weiter". Weitere drei Minuten später: "Schmidts bumsen gerade. „Der Vater springt erschrocken von der Mutter: "Wie kommst du denn darauf?" Kommst von draußen: "Sie haben ihren Sohn auf den Balkon geschickt."

Kommt ein Mann in eine Arztpraxis sieht, dass das Wartezimmer brechend voll ist." Prima", sagt er und geht wieder. Am nächsten Tag wieder: Das Wartezimmer ist voll und er: "Klasse!" und geht wieder. Das wiederholt sich einige Tage. Der Arzt bekommt das mit und wundert sich. Er bittet seine Sprechstundenhilfe, doch dem Mann mal nachzufahren. Am darauffolgenden Tag:" „Und, sind Sie ihm nachgefahren?" - "Ja."
"Und wohin?" "Er fuhr zu einem Hochhaus." "Ja und dann?" "Dann ging er in den Aufzug." "Und dann?" "Dann fuhr er in den 3. Stock." "Und dann?" "Dann klingelte er an einer Tür." "Und dann?" "Dann machte ihm eine Frau auf." "Ja und dann?" "Dann sagte er ihr: Liebling, wir können noch mal. Dein Mann ist noch beschäftigt!"

Frage einen Schwulen nach den Namen von 4 Flüssen und du wirst immer die gleiche Antwort bekommen: Rhein, Inn, Main, Po!

Ein Mann kommt nach Hause und hört beunruhigende Stöhn Geräusche aus dem Zimmer seiner Tochter. Als er zur Tür herein schaut, muss er feststellen, dass sich die Tochter mit einer Banane befriedigt. Am nächsten Tag bindet er die Banane an ein Seil und zieht sie durch die Wohnung, als die Tochter das sieht, wird sie knallrot. Die Mutter bemerkt dies und fragt, was denn eigentlich los sei. Darauf der Mann: "Ich zeige unserem Schwiegersohn das Haus."

„Du badest ohne Wasser?" fragt ein Ostfriese den anderen. „Ja, ich bin in Eile und habe keine Zeit, mich abzutrocknen!"

Wussten sie ....dass Fellatio die angenehmste Art ist, Frauen den Mund zu stopfen.

Wie nennt man einen intelligenten Toilettenbesucher? Klugscheißer!.

In der S-Bahn fällt ein junges Mädchen in der Kurve einem Mönch auf den Schoß und ruft erschrocken: „Ohoo"- „Nix ohoo", sagt der Mönch, „das ist der Schlüssel vom Kloster!"

Er zu ihr: „Ich habe heute wie auf dem Motorrad geschlafen" - „Wie denn das?" - „Auf dem Ständer!"

Kurt zu Paul: „Sag mal schnell einen Satz mit 3 Lügen!" - „Keine Ahnung!" - „Ganz klar: Ehrlicher Pole mit eigenem Auto sucht Arbeit!"

Treffen sich 2 Blondinen. „Sag mal Uschi, wie schützt du dich vor AIDS?" - „Ich schlafe nur noch mit Polizisten!" - „Wieso denn das?" - „Ich habe gehört, die arbeiten mit Gummiknüppeln!"

Zwei Omas plaudern. „Hast du schon gehört, Trude, die bauen ein Eros-Center!" - „Mir egal, ich kaufe weiter bei Aldi!"

„Was kostet eine Verlobungsanzeige?" fragt die junge Frau in der Anzeigenabteilung der Zeitung. „1 Euro pro Millimeter!" - „Das ist ja furchtbar, denn bei meinem Bräutigam sind es 20 Zentimeter!"

Der Polizist hält die attraktive Carmen an, die leichte Schlangenlinien fährt. „Bitte blasen sie mal!" - „Sehr gern, ich hatte schon Angst, ich verliere den Führerschein!"

Ein Bauer kommt zum ersten Mal nach München. Abends macht ihm eine Frau ein eindeutiges Angebot. „Und was soll das kosten?" - „100 Euro." Der Bauer meint, das sei ganz schön teuer. „Dafür darfst du dann auch zweimal." - „Das geht aber nicht, ich bin doch nur 8 Tage in München."

„Was ist nun, Reiner, soll ich das Höschen ausziehen oder den Kaugummi ausspucken?"

Sagt die Mutter zum Sohn: „Papa bastelt wieder im Keller. Sieh doch schon mal in der Zeitung nach, welcher Arzt Notdienst hat."

„Sag mal, wolltest du nicht nach England fahren?" - „Daraus ist nichts geworden. Dieser Linksverkehr da! Also, ich habe das hier mal zwischen München und Nürnberg ausprobiert - nichts für mich!"

Bei Familie Schmitz ist der Strom ausgefallen. Irgendetwas stimmt nicht mit der Leitung. „Liebling", sagt Herr Schmitz, „komm doch eben mal her und fasse den Draht an. Spürst du nichts?" - „Nein, erwidert sie verwundert. „Na prima, dann geht der Strom durch den anderen Draht."

„In unserer Ehe ist noch kein böses Wort gefallen!" - „Du glücklicher!" - „Ja, nicht wahr! Hoffentlich wird die zweite Woche auch so harmonisch....

Erst acht Tage ist der verstorbene tot. Eine Freundin seiner Witwe fragt sie: „Warum trägst du eigentlich keine schwarze Trauerkleidung?" „Ach, weißt du, da wo ich am meisten trauere, trage ich einen schwarzen Slip!"

Der Bewerber füllt ordnungsgemäß seinen Fragebogen aus. Die Frage: „Waren sie schon einmal im Gefängnis?" beantwortete er mit „nein". Zur nächsten Frage: „Grund?" notierte er: „Bin noch nie erwischt worden!"

Der Marine-Maat ermahnt während der Munitionsausgabe die Mannschaft: „Passt bloß auf Jungs. Neulich sind bei dieser Gelegenheit 12 Matrosen in die Luft geflogen." Darauf Matrose Hein: „Das kann uns nicht passieren - wir sind nur zu sechst!"

In der Hochzeitsnacht setzt sich die junge Frau auf und fragt enttäuscht: „Das war alles? Warum den so kurz?" Da holt er einmal kräftig aus: „Verflixt! Woher weißt du, dass es auch länger dauern kann?"

„Dein neuer Freund sieht ja ziemlich brutal aus. Wenn der mit dir allein wäre, würde er dir bestimmt alle Sachen vom Leib reißen!" - „Danke für den Tipp, Mutti! Dann ziehe ich heute wohl besser ein altes Kleid an."

„Wenn mein Mann den Höhepunkt erreicht stößt er immer einen Urschrei aus wie Tarzan." - „Das muss doch für dich ein tolles Gefühl sein!" - „Das schon, aber ich werde regelmäßig davon wach!"

Nach dem Banküberfall fehlen 150 000.- Euro aus dem Safe. Zerknirscht sagt der Bankdirektor zum Reporter: „Schreiben sie eine Million`, dann kriegt der Kerl wenigstens zu Hause einen Riesenkrach!"

„He, sie haben meiner Frau auf den Fuß getreten. Dafür fordere ich

Genugtuung!" - „Okay. Da drüben sitzt meine!"

Petra sitzt bei Jürgen im Auto und faucht: „Las das!" Beschwichtigt er: „Ich suche doch nur den Anlasser." - „Egal, wie du dazu sagst, aber nicht gleich am ersten Abend!"

Fritzchen fragt seinen Vater: „Du Papi, kann ein Mensch mit den Beinen voran in den Himmel kommen?" Der fragt amüsiert zurück: „Wie kommst du denn darauf?" - „Ja, weißt du, ich habe heute durchs Schlüsselloch ins Schlafzimmer geguckt. Da lag die Mutti auf dem Bett, die Beine in die Luft gestreckt und rief: ´Himmel, ich komme!´ Und sie wäre auch bestimmt hochgeflogen, wenn der Onkel Briefträger sich nicht auf sie gelegt und sie festgehalten hätte...!"

„Haben sie nur weiße Pariser?" fragt der Mann den Drogisten. „Oh nein, wir führen auch welche in Rot, Grün und Blau." - „Um ehrlich zu sein, ich suche welche ich schwarz. Ich möchte nämlich der Frau eines verstorbenen Freundes einen Beileidsbesuch abstatten."

Bademeister Felix bringt einer attraktiven Rotblonden da Schwimmen bei. „Sagen sie mal, stimmt es wirklich, dass ich ertrinken muss, wenn sie den Finger da unten rausnehmen?"

„Lieber Dr. Sommer: Gestern hat es geklingelt, der Mann vor der Tür fragte: ´Sind deine Eltern zu Hause? ´Ich sagte nein. Er zerrte mich in die Wohnung und vergewaltigte mich. Nun meine Frage: Was wollte er von meinen Eltern?"

Ein Rabbi ärgert sich darüber, dass viele der Gläubigen ohne Käppi in die Synagoge kommen. Also schreibt er an den Eingang: „Das Betreten der Synagoge ohne Kopfbedeckung ist ein dem Ehebruch vergleichbares Vergehen." Am nächsten Tag steht darunter: „Habe es probiert - kein Vergleich!"

Die sonst zierlich trippelnde Schwester Jutta läuft auf einmal morgens mit gespreizten Beinen im Krankenhaus herum. Da fragt sie der Chef nach ihren Beschwerden. Jutta errötet: „Das sind keine Beschwerden, Herr Doktor, sondern Lockenwickler. Unser Saunaclub feiert nämlich heute sein zehnjähriges Jubiläum."

Die junge Dame kam aufgelöst ins Polizeirevier: „Man hat mir im Kino mein ganzes Geld gestohlen!" - „Wo hatten sie es denn aufbewahrt?" - „Ganz oben im Strumpf." - „Aber da hätten sie doch etwas merken müssen?" - „Natürlich. Aber ich dachte, der Kerl hätte ehrliche Absichten."

„Wer schreibt denn im Nebenzimmer so laut Schreibmaschine?" - „Niemand. Beim Chef ist die Steuerfahndung. Und was du da hörst, ist sein Zähneklappern!"

Es sagte der Draufgänger: „Gestern habe ich ein bildhübsches Mädchen vor einer Vergewaltigung gerettet." - „Toll, wie denn?" - „Ich habe sie überzeugt!"

Wer war der 1. Torhüter? Noah! Vor der Sintflut sprach Gott zu ihm. „Geh in den Kasten ich werde stürmen!"

Peter rückt näher an sie heran und schwärmt: „Gaby, was hast du für tolle blaue Augen!" - „Wenn du nicht gleich verschwindest, hast du auch gleich welche!"

„Das ist ja furchtbar, schnarcht dein Freund immer so?" fragt die Freundin. - „Nein, nur wenn er schläft!"

Es seufzte das Igelmännchen" „Ich lasse mich scheiden!" - „Warum das denn?" - „Ach, ich kann die ständigen Sticheleien meiner Frau nicht mehr ertragen!"

Steht beim Mann die Rute stramm, muss dringend mal die Freundin ran!

Ein Jahr nach der Heirat bekam das Paar Drillinge. 2 Jahre später war es ein Zwillingspärchen. Ruft der Mann erleichtert: „Bin ich froh! Es lässt nach!"

„Stell dir vor", prustet Biggy zu ihrer Freundin, „Gerd behauptet, ich bin nicht gut im Bett. Ich frage mich bloß, wie er das in 12 Sekunden feststellen konnte!"

Ein Bauernsohn spaziert mit seiner neuen Flamme über die Wiesen und Felder seines Vaters. Als sie auf der Weide einen Bullen sehen, der eine Kuh bespringt, sagt er sehnsüchtig: „Das möchte ich jetzt auch!" - „Tu´s doch", meint sie, „ist ja deine Kuh!"

Sagt das Ei: „Du hältst mich für hart, aber im Grunde, tief in mir, bin ich weich!" - „Ich bin gerührt!" antwortete das Rührei!

Der Homo Brüller: Treffen sich 2 Schwule. Sagt der eine: „Stell dir vor, mir ist gestern das Kondom geplatzt!" Fragt der andere: „Im Ernst?" - „Nein, im Oskar!"

Übrigens.... Frauen nehmen ihre Handtaschen deshalb immer mit aufs Klo, damit sie auch was in der Hand haben.

Die Hebamme fragt den wartenden Ehemann: „Spielen sie gerne Skat?" - „Ja", bestätigte der junge Mann. „Dann werden sie sich bestimmt über vier Buben riesig freuen."

Der Kriminalkommissar verärgert. „Wie konnte der Mann nur entkommen? Ich habe doch befohlen, alle Ausgänge zu besetzen!" - „Da waren wir auch!" murrt der Polizist, „aber der Kerl muss durch den Eingang entwischt sein!"

Fragt die kleine Ilse: "Mami, hat Papa dir das neue Kleid geschenkt?" - „Nein, mein Kind. Wenn ich mich mit dem zufrieden geben würde, was er mir schenkt oder geschenkt hat, hätte ich nicht einmal dich."

„Stimmt es, dass ihr Mann mit dem Dienstmädchen durchgebrannt ist?" - „Ja, es ist wirklich zum Verzweifeln. Anna war so fleißig und tüchtig!"

Zwei Bauern treffen sich. Fragt der eine: „Meine Kuh ist krank. Was kann ich der denn geben?" - „Terpentin." Eine Woche später begegnen sich die zwei erneut. Fragt der andere: „Hat das Terpentin geholfen?" - „Nicht die Bohne. Die Kuh ist daran eingegangen." - „Dacht´ ich´s mir doch. Meine hat es damals auch nicht überlebt."

Der Bauer verlangt für seinen Zuchtstier ein Kräftigungsmittel. „Welches hatten sie den das letzte Mal?" fragt der Tierarzt. „Das weiß ich nicht mehr, aber es geschmeckt hat es nach Pfefferminze."

Karl Hammerstein kommt ins Buchgeschäft, fragt: „Haben sie das Werk ´Der Mann, der absolute Herr im Haus?" - „Bedaure", sagt die Verkäuferin,

„Märchenbücher führen wir nicht."

Paul fährt mit Susi über einen einsamen Waldweg und täuscht plötzlich eine Panne vor. Knöpft sie ihren Rock auf und lächelt. „Wie ich dich kenne, steht jetzt nicht nur dein Wagen!"

„Egon, hast du dich wieder mit deiner Frau versöhnt?" - „Wie kommst du denn darauf?" - „Na ich habe euch gestern einträchtig im Garten Holz hacken sehen. - „Unsinn - wir haben die Möbel geteilt!"

„Woran hast du denn gemerkt, Petra, dass die Flitterwochen zu Ende waren?" - „Als mein Mann wieder anfing, seine Lieblingsspeisen zu essen: rohe Zwiebeln, Limburger Käse und Knoblauch!"

Die Magd kommt völlig betrunken in den Stall, legt sich unter eine Kuh und schläft ein. Als sie am nächsten Morgen benebelt die Augen aufschlägt und hochsieht, erschrickt sie und murmelt: „Schön langsam, meine Herren, alle der Reihe nach!"

„Günter, ich habe eine große Überraschung zu deinem Geburtstag." - „Da bin ich aber gespannt, was ist es denn?" - „Warte einen Augenblick, ich werde es schnell mal anziehen."

„Na, Süßer, wie wär's mit uns beiden?" spricht die junge Dame den 70-jährigen auf der Reeperbahn an. Spontan zückt der alte Herr seine Brieftasche und sagt: „Hier mein Engel, haben sie hundert Euro, für das Vertrauen, das sie noch in mich setzen!"

Der Lehrer bestellt die Mutter zu sich und eröffnet ihr: „Ihr Junge ist immer so frech. Er raucht und flucht und ist immer hinter den Mädchen her." - „Ja, ja," seufzt die Mutter, „ganz der Vater. Ein Glück, dass ich den Kerl nicht geheiratet habe."

Fritzchen guckt sich den neuen Pelzmantel seiner Mutter an und seufzt: „Wie muss wohl das arme Vieh gelitten haben, ehe du diesen Mantel bekommen konntest! Meint die Mutter ärgerlich: „Ich verbiete dir, so von deinem Vater zu reden."

Meier und Schulze sitzen in der Kneipe. Plötzlich springt Meier auf: „Ich muss weg. Ich habe eine dringende Verabredung mit jemanden, der mir

100 Euro geliehen hat." - „Wo wollt ihr euch denn treffen?" - „Hier!"

Kennen sie den Unterschied zwischen Erbanlage und Umwelteinflüssen? Sieht das Baby dem Vater ähnlich, ist das Erbanlage, sieht es dem Nachbarn ähnlich, nennt man das Umwelteinflüsse.

„Wie steht es denn hier mit dem Kundendienst?" will der Käufer noch wissen, ehe er den Kaufvertrag für den neuen Wagen unterschreibt. „Der wird bei uns großgeschrieben", antwortet der Verkäufer. „Wer bei uns einen gebrauchten Wagen kauft, bekommt gratis den neuen Fahrplan der Bundesbahn dazu."

„Sag mal, wie lange wartet man eigentlich auf ein Kind?" fragt Anja nach ihrer ersten Liebesnacht. „Blöde Frage", keucht Hans. „Neun Monate natürlich." - „Warum hast du dich dann am Schluss so beeilt?"

„Meine Strandbekanntschaft hat mich täglich mit Sonnenöl massiert, bis ich grün und bau war." - „Grün und blau?" - „Ja, ihr Verlobter hat uns erwischt."

Dreißig Prozent der deutschen Ehemänner drehen sich nach dem Geschlechtsverkehr auf die andere Seite und schlafen ein. Die anderen siebzig Prozent ziehen sich an und gehen nach Hause.

Die Mutter zum kleinen Sohn. „Wie gefällt dir das neue Kindermädchen?" Der kleine Sohn: „Überhaupt nicht. Am liebsten würde ich sie auch in den Po kneifen, wie Vati das immer macht!"

Der Rechtsanwalt zum Angeklagten: „Hat sich der Einbruch wirklich so zugetragen, wie es der Staatsanwalt geschildert hat?" Darauf der Angeklagte: „Nein es war völlig anders. Aber ich muss sagen - die Idee ist gar nicht so schlecht!"

Das kleine Mädchen schaut dem Vater beim Ankleiden zu. Als er den Smoking anzieht, warnt ihn die Tochter: „Vati, den Anzug würde ich nicht anziehen, das ist doch der Anzug, von dem du am nächsten Morgen böse Kopfschmerzen bekommst!"

„In unserer Firma geht es zu wie im Paradies." - „Ist ja toll!" - „Wie man's nimmt, jeden Tag ein Rauswurf!"

Claudia sagt zum Arzt: „Bitte verschreiben sie mir eine Diät!" - „Das wird nichts nützen. In den nächsten 9 Monaten werden sie sowieso noch zunehmen!"

Fragt er vorwurfsvoll, als sie abends vor der Tür steht: „Warum kommst du jetzt erst?" - Antwortet sie: „Es reicht doch, dass du immer zu früh kommst...!"

„Unerhört!" sagt Maria im Kino zu ihrem Begleiter. „Da vorne sitzt mein Verlobter mit einer Blondine, während ich meine kranke Mutter besuche...!"

Der 7-jährige Kevin passt auf seinen kleinen Bruder auf. Als die Eltern wieder nach Hause kommen, erstattet er Bericht: „Er hat einen Käfer geschluckt. Aber macht euch keine Sorgen, ich habe ihm schon Insektenvernichtungsmittel hinterher geschüttet!"

2 Außerirdische landen in einer Stadt und begeben sich auf Entdeckungsreise. Sie kommen an einer Ampel vorbei als diese auf Rot springt. „Hast du gesehen", freut sich der eine, „sie hat mir zugezwinkert!"

„Ich gratuliere ihnen", sagt der Chef zum Angestellten. „So früh sind sie noch nie zu spät gekommen!"

„Woher haben sie bloß diese tollen Pokale?" - „Mein Sohn ist Reiter bei den Herren!" - „Komisch, meiner ist auch schwul, aber Pokale hat er keine!"

Ein anderes Wort für Keuschheitsgürtel: Zentralverriegelung!

Der 12-jährige zeigt stolz auf den dicken Bauch seiner großen Schwester: „Das war ich!" Staunen. „Weil ich Smarties in ihre Pillenschachtel geschmuggelt habe!"

Ein Tourist macht Urlaub in einem kleinen Bergdorf. Er wird von einer Wespe in den Schniedel gestochen und der schwillt total an. Sagt der Bauer: „Musst du in 'nen Topf Milch halten, dann geht die Schwellung zurück!" Gesagt, getan. Da kommt die hübsche Bauerstochter vorbei und fragt: „Na, am Nachladen?"

Sagt die Mutter im Aufklärungsgespräch zur Tochter: „Da, wo der Samen hineinläuft, kommt dann auch das Baby raus." Da greift sich die Tochter an den Hals, schluckt und meint: „Das könnte aber eng werden!"

Der Schotten Brüller: „Ich hätte gern 50 % Ermäßigung", sagt McGeiz an der Kinokasse, „ich bin auf einem Auge blind!"

Wundert sich der Reisende: „Komisch, dass man auf diesem Bahnhof nur männliches Personal sieht." Klärt ihn der Mitreisende auf: „Ist doch klar! Ein typischer Fall von Sackbahnhof!"

Als es im Kino dunkel wird, nimmt der junge Mann die Hand seiner Nachbarin und legt sie in seinem Schoß. Einen Augenblick später sagt die Schöne: „Gleich werden sie noch einen Stehplatz nachlösen müssen!"

Am Strand isst ein Junge Eis. Ein Tropfen davon fällt dem schlafenden Vater direkt auf den nackten Bauch. Er schreckt hoch: „Donnerwetter, diese Möwe muss ja direkt vom Nordpol gekommen sein!"

Disco Geflüster. „Bist du bei der Post?" fragt sie beim Tanzen. - „Nein warum?" - „Weil du mich wie eine Drucksache behandelst!"

Beschwert sich der Ehemann nach dem ehelichen Verkehr bei seiner Frau. „Du könntest ja wenigstens auch einmal stöhnen." Darauf sie schlagfertig. „War das heute wieder ein anstrengender Tag im Büro!"

Rita warnt ihren draufgängerischen Freund: „Bitte nicht so fest. Ich habe schon den Geschmack von verbrannten Gummi im Hals...!"

Strahlend sagt die Kuh zum Polizisten: „Stellen sie sich vor, mein Mann ist auch Bulle!"

Ein verliebtes Elefantenpaar geht Rüssel in Rüssel spazieren. Plötzlich sagt sie: „Hoffentlich führst du mich nicht an der Nase herum!"

Polizist zum Angler Hein: „He, sie, hier ist das Angeln verboten!" - „Ja, aber hier steht doch nirgendwo ein Verbotsschild!" - „Das ist auch nicht nötig - und jetzt sehen sie zu, das sie aus dem Aquarium herauskommen...!"

Am Morgen nach der Hochzeitsnacht beschwert sich die junge Frau: „Ich bin sehr enttäuscht von dir, Jürgen!" Darauf er: „Als ich dir versprach, die Lücke in deinem Leben zu füllen, ahnte ich auch noch nicht, wie groß die ist!"

Ein Priester fliegt zum ersten Mal im Flugzeug. Die Stewardess bietet ihm zur Beruhigung einen Whisky an. Der Geistliche will zuerst wissen: „In welcher Höhe fliegen wir denn jetzt?" - „So ca. in 10 000 Meter!" - „Dann doch lieber eine Limo - wo der Chef in der Nähe ist,,,!"

Der Büro Brüller: „Gerade habe ich geträumt, ich hätte was zu tun...!" stöhnt der Beamte. Sein Kollege: „Du siehst auch richtig erschöpft aus!"

Der junge Alex stöhnt: „Ich sterbe vor Verlangen nach dir!" Seine Freundin: „Leider ist es die verkehrte Zeit im Monat!" Er kontert: „Besser rot als tot!"

Warum wünschen sich viele Männer ein Kissen zu sein? - Weil sie dann 4 Zipfel hätten!

Werner zu seinem besten Kumpel Hugo: „Treibt deine Freundin eigentlich Sport?" - „Ja, sie macht jeden Abend einen Seitensprung!"

Das junge Pärchen plant den Urlaub. Sie: „Denk bitte dran, dass alle Schweizer Pässe gesperrt sind!" - Er: „Das macht doch nichts. Wir haben doch deutsche Pässe!"

Tamara gerät mit ihrem Auto in eine Verkehrskontrolle. Der Polizist betrachtet sich die Reifen und sagt dann: „Sie haben aber ein saumäßiges Profil." Darauf Tamara: „Na, hören sie mal, sie sehen ja auch nicht aus wie Brad Pitt!"

„Sonntag muss ich mal wieder Sport treiben, ich gehe zum Reiten", sagt Klaus-Dieter zu seiner Frau. „Daraus wird nichts", erwidert diese, „eben hat die Stute angerufen und gesagt, sie sei trächtig!"

Elke geht mit der Großmutter spazieren. Um ein Gespräch anzufangen, sagt sie: „Ach ja, die armen Vögel im Wald..." Die Oma: „Was?" - „Ich sagte, die armen Vögel im Wald." Darauf die Oma: „Ja, ja, und die Reichen im Bett!"

„Meine Tochter muss jeden Abend um elf Uhr ins Bett", erzählt Frieda ihrer Busenfreundin. Fragt die: „Und hält sie das ein?" - „Die Zeit schon, nur die Adresse nicht."

„Gib nur nicht so an, Manni", sagt Fred, „du hast niemals den Chef vertreten!" - „Und ob", antwortet Fred, „frag doch seine Frau!"

„Welche Eindrücke hat ihr Sohn denn vom Ferienlager mitgebracht?" - „Eindrücke?" fragt die Mutter entsetzt. „Eindrücke leider gar keine. Aber Ausdrücke..."

Der Bewerber hat noch etwas auf dem Herzen: „Ich muss gestehen, dass ich sehr abergläubisch bin," „Macht doch nichts", antwortet der Personalchef, „dann streichen wir eben ihr 13. Monatsgehalt!"

Beim Elektriker geht folgender Brief ein" „Ich möchte sie bitten, mir einen ihrer Männer zu schicken, damit ich mich nicht mehr mit einer Kerze behelfen muss!"

Als Hans Werner abends aus dem Büro nach Hause kommt, setzt sich seine Frau spontan auf seinen Schoß und fängt an zu fummeln und zu küssen. Schimpft er: „Schäme dich, du hast dasselbe Benehmen wie meine Sekretärin!"

Gerd will mit Petra sexeln und fragt: „Sollen wir den Fernseher so lange abschalten?" Meint sie: „Ach, es ist nicht so gut für den Apparat, wenn er alle drei Minuten an- und ausgemacht wird!"

Der ausgehungerte Wanderer kommt in die Gaststätte und ruft: „Ich hätte gern drei Eier und einen Bullenschwanz!" Darauf der Kellner: „Ich auch, mein Herr!"

„Max, in welchem Stadtteil wohnst du denn jetzt?" - „Im Känguru-Viertel." - „Wohnen da Australier?" - „Nein, Leute, die mit leerem Beutel große Sprünge machen!"

An der Straßenkreuzung sagt der Polizist zur kessen Gaby: „Sie dürfen hier nicht winken!" - „Wieso denn nicht? Sie winken doch auch!" - „Ich gebe hier Verkehrszeichen." - „Ich auch!"

Der Vater verbringt mit seinem kleinen Sohn einen Nachmittag im Zoo. Vor dem Kamelgehege fragt der Junge: „Papi, heiraten Kamele eigentlich auch?" Darauf der Vater: „Nur Kamele..."

Der Scheidungsrichter fragt: „Sie geben zu, dass sie seit Jahren kein Wort zu ihrer Frau gesprochen haben?" - „Ich habe mich doch nicht getraut, sie zu unterbrechen!"

„Hast du schon gehört: Vom Onanieren kann man taub werden!" - „Wie bitte?"

Warum hat eine Frau 4 Lippen? 2, um dummes Zeug zu reden und 2, um es wieder gut zu machen!

Was macht der Penis vom schwulen Didi in der Lesbendisco? Er hängt rum!

„Mami, kann man auch bei Rot über die Straße gehen?" - „Natürlich, aber immer schön die Arme hochhalten!" - „Warum denn, Mami?" - „Damit sie dir dann in der Klinik besser das Hemd ausziehen können!"

Anja sagt zu ihrer Nachbarin: „Sie müssen nackt durch ihren Garten laufen, dann werden die Tomaten schön rot!" - „Das habe ich schon versucht. Jetzt sind meine Gurken volle 30 Zentimeter lang!"

„Gerd, deine Freundin trägt ja gar nix unterm Rock!" - „Wer hat dir denn das verraten?" - „Mein Mittelfinger!"

Gehen 2 Kitzler durch die Stadt. Wo wollen sie hin? Ist doch klar, zu „Schlecker"!

Ein Mann beim Apotheker: „Ich will 5 Gramm Arsen!" - „Haben sie ein Rezept?" - „Nein, aber ein Foto meiner Frau!"

Gespräch unter Kollegen: „Ich lasse mit meinem Sohn am Wochenende Drachen steigen. Und sie?" - „Ich auch. Ich mache mit meiner Schwiegermutter eine Bergtour...!"

Rainer kommt nach Hause und findet im Schlafzimmer seiner Frau eine Zigarre. „Woher ist die Zigarre?" schreit er. Die Frau schweigt. „Ich will wissen, woher die Zigarre ist?" Da ertönt eine Stimme aus dem Schrank.

„Aus Havanna, du Trottel!"
Die Demo der Jungfrauen in Hamburg ist leider ausgefallen. Die eine war krank, und die andere wollte alleine nicht kommen!

Beim Picknick im Wald sagt Manni zu Anne: „Iss nicht so viel. Ich schlafe nicht gern auf vollem Bauch!"

Der 4-jährige Fritz fragt seinen Vater: „Stimmt es, dass die Störche die Babys bringen?" - „Aber ja!" - „So, und wer bumst dann mit den Störchen?"

Ein Kleingärtner sammelt Pferde-Äpfel. Fragt Fritzchen: „Onkel, was machst du damit?" - „Die streuen wir auf unsere Erdbeeren!" - „Komisch", wundert sich Fritzchen, „wir nehmen dafür immer Zucker!"

„Biggi, nimmst du eigentlich die Pille?" - „Aber ja!" - „Die Pille danach?" - „Nein, danach nehme ich 100 Euro!"

Der Unterschied zwischen „Freund des Hauses" und „Hausfreund"? Ganz einfach: Der Freund des Hauses kommt, wann er will und der Hausfreund will, wen er kommt!

Die allein stehende Putzfrau hat ein Baby gekriegt. Fragt die Nachbarin: „Wer ist eigentlich der Vater?" - „Weiß ich doch nicht. Oder meinen sie etwa, ich drehe mich dauernd um, wenn ich die Treppe putze...!"

Eine Windböe hebt den Rock von Jutta auf dem Weg zur Disco an. Sagt er erstaunt: „Du hast ja gar nichts drunter!" Darauf Jutta: „Steckst du dir denn Watte in die Ohren, wen du ins Konzert gehst?"

„Sie haben diesmal wieder großes Glück!" sagt die Untermieterin zu ihrem Vermieter. „Ich kann die Miete diesen Monat wieder nicht in bar bezahlen...!"

Der Gag für Gils: Woran erkennt man, dass ein Mann alt wird? Wenn es beim Gruppensex heißt: „Du bist dran!" Und er antwortet: „Nö danke, ich war schon!"

Sagt der Polizist zu einem Liebespärchen: „Sie zahlen wegen Erregung öffentlichen Ärgernisses eine Geldstrafe. Der Herr 10 Euro, die Dame 30 Euro!" - „Aber wieso soll meine Frau so viel bezahlen?" - „Die Dame erwische ich heute schon das 3. Mal hier im Park!"

Eine Sekretärin sagt zu einer anderen: „Schau mal, unser neuer Computer!" - „Tolles Gerät!" - „Er soll sogar Männer ersetzen!" - „Blöde Kiste!"

Beim Betten machen findet das Dienstmädchen ein Kondom und ist entsetzt. Sagt die Hausdame: „Machen sie denn keinen Sex? - „Doch schon, aber nicht so heftig, dass die Haut dabei abgeht!"

3 Freunde vergleichen ihre Girls. Sagt der erste: „Meine ist wie die Insel Sylt - kühl und verträumt!" Sagt der zweite: „Meine ist wie Jamaika - heiß und feurig!" Sagt der dritte: „Meine ist wie Mallorca - da war jeder schon mal drauf!"

Zwei Zecher unterhalten sich am Tresen: „Sag mal, ist dein Freund der Zollbeamte endlich verheiratet?" - „Nee, der bedient seine Schranke immer noch mit der Hand!"

„Was habe ich gehört? Dein Freund ist mit dem Schiff ausgelaufen und kommt erst in 3 Wochen wieder? Tat der Abschied nicht weh, Elke?" - „Und wie, ich kann heute noch kein Bein vors andere setzen!"

„Ach Mutti, ich bin ja so unglücklich. Schon 6 Tage nach der Hochzeit liebt mich mein Mann nicht mehr!" - „Aber Kind, selbst der liebe Gott musste sich am 7. Tage einmal ausruhen!"

„Du bist die erste Frau, die ich jemals geküsst habe!" - „Das brauchst du nicht zu sagen - das habe ich schon gemerkt!"

Der Direktor führt seinen Sohn in die Firma ein. Zu seiner Sekretärin sagt er: „Fräulein Knolle, sie können meinem Sohn alles zeigen!" Antwortet die verwirrt: „Was denn, schon am 1. Tag?"

Paul besucht Ulla. Da kommt ihm ihre Katze nackt ohne Fell entgegen. Er stutzt. Sagt sie: „Du wolltest doch, das ich meine Muschi rasiere!"

Zwei Rentner sehen im Fernsehen eine Sportübertragung. Ein Läufer sprintet mit atemberaubendem Tempo über die Hürden. Das Ganze wird noch einmal in Zeitlupe gezeigt. Sagt der eine: „Siehst du, er lässt im Tempo nach!"

„Wenn sie wieder mal so stürmisch Intimitäten mit ihrer Frau austauschen, ziehen sie gefälligst die Gardinen zu! Gestern hab´ ich alles beobachten können." - „Sie lügen! Gestern war in nämlich beruflich unterwegs."

Kommt ein Kunde ins Farbengeschäft: „Ich möchte einen guten Lack, der sehr schnell trocknet." - „Bitte, dieser hier ist in zwei Stunden trocken." - „Schade, dann kann ich ihn nicht gebrauchen. Ich fange nämlich morgen erst an zu streichen!"

Am Abend sitzt die Familie gemütlich beieinander. Die Tochter schreibt einen Brief. Plötzlich sagt sie: „Ich muss noch mal zum Briefkasten." Darauf der Vater: „Geh nur, ich hab ihn auch pfeifen hören."

Bernhard Langer zu Boris Becker: „Stell dir mal vor, ich hab´ jetzt einen Golfsack." - „Oh, das tut mir aber leid, wenn ich mir überlege, wie schmerzhaft schon ein Tennisarm ist!"

„Herr Kapitän, das Meer ist doch ganz ruhig, warum schaukelt denn das Schiff so?" - „Wir haben 10 Hochzeitspaare an Bord!"

Zwei Frauen unterhalten sich über ihr Liebesleben: Isst du nachher auch immer Obst?" - „Nein, ich rauche!" - „So? Darauf habe ich noch gar nicht geachtet!"

Felix: „Magst du Sex?" Simone: „Nein, überhaupt nicht." Er daraufhin: „Ich auch nicht. Also komm, lass es uns schnell hinter uns bringen!"

Der Vater zur 16-jährigen Tochter: „Wenn du bist zu deinem 18. Geburtstag brav bleibst, bekommst du ein silbernes Armband!" - „Zu spät", lächelt Uschi. „Gestern war ich nicht brav und habe dafür ein goldenes bekommen!"

Rheinfahrt mit dem Schiff. Die hübsche Stewardess erzählt: „Meine Damen und Herren, wir passieren jetzt das Binger Loch! Und nachher zeige ich ihnen Mainz!"

Haben sie schon vom chinesischen Pärchen in München gehört, das ein weißes Baby bekam?" Sie nannten es „Li Sen Lein Fal"!

Auf der Party flüstert Dieter einer aufregenden Blondine ins Ohr: „Findest du nicht auch, dass wir was gegen das Aussterben der Deutschen tun sollten?"

2 Frauen stehen am Grab ihrer Freundin. „Nun sind sie endlich zusammen!" seufzt die eine. - „Welchen der 4 Männer meinst du denn?" - „Keinen, ich rede von ihren Beinen!"

„Gegen so eine billige Männer-Anmache bin ich längst immun!" lässt die hübsche Sandra den flotten Jens abblitzen. Der kontert lässig: „Kein Wunder! Wenn man bedenkt, wie oft du schon geimpft worden bist!"

Babsi zu Gitte: „Das letzte Wochenende war ganz toll! Wäre ich Profi, hätte ich mindestens 1 000.- Euro verdient!"

„Schlimm, was junge Mädchen heutzutage alles beichten!" meint ein Pfarrer zum anderen. „Da geht einem ja glatt der Hut hoch!" - „Haben sie etwa den Hut auf während der Beichte?" - „Nein, auf meinem Schoß!"

Eine Feministin zur anderen: „Intim-Spray benutze ich grundsätzlich nicht - nur hin und wieder etwas Frostschutzmittel!"

„Möchten sie lieber einen roten oder einen weißen Wein?" fragt der Ober. - „Ist mir egal, ich bin farbenblind!"

Ein Angler sieht einen nackten Mann im Fluss schwimmen und ruft: „Ziehen sie sich lieber eine Badehose an. Zu dieser Zeit schnappen die Fische auch nach den kleinsten Würmchen...!"

Nach der Entbindung telefoniert Moni mit ihrer Mutter: „Kannst du dich an den Neger vom Maskenball erinnern?" - „Ja mein Kind, warum?" - „Der war gar nicht verkleidet!"

Eine Frau mit wenig Busen geht am Strand entlang. Lästern zwei Jungen. „Guck mal da vorne geht eine Platt-Deutsche!"

Warum dürfen Männer nie länger als 5 Minuten duschen? - Nach 5 Minuten werden die Eier hart und dann platzt das Würstchen!

Auf der Parkbank. Sie knutschen wild miteinander herum. Ihre Hand fährt in seinen Hosenstall. Da fragt er: „Liebst du mich?" Flüstert sie: „Ja, dich auch!"

„Heute habe ich kurz an dich gedacht!" sagt sie zu ihrem Mann. „Schön, wieso denn?" - „Ich saß im Cafe und aß einen Windbeutel...!"

„Deine Glatze wird immer schlimmer. Die fühlt sich schon an, wie der Po meiner Frau!" Da tätschelt der Glatzkopf sein Haupt und sagt: „Stimmt!"

Jammert die sexy Ulrike: „Ich habe im Moment eine seelische Krise!" Darauf meint ihr Freund: „Da kann ich dir meinen Krisenstab empfehlen!"

Schon gewusst? Was ist das wichtigste an einer Auto-Nummer? Na, das die Sitze sauber bleiben!

Hansi weint: „Meine Mama hat mich erwischt, als ich an mir unten rumgespielt habe und gesagt, dass sie mir den Zipfel abschneidet, wenn ich es noch mal mache!" Da lacht sein Kumpel Kurt: „Ich habe neulich meine Schwester nackt gesehen - keine Angst - das sieht gar nicht so schlecht aus!"

Er hat sie zu einer Bootsfahrt überredet. Das 1. Mal ist sie auf dem Wasser. „Das ist also meine Jungfernfahrt" seufzt sie. Darauf er: „Nur die Hinfahrt, mein Schatz, nur die Hinfahrt...!"

Elli sonnt sich nackt am FKK Strand. Sie beobachtet einen Ölscheich, der schwer damit kämpft, seinen Lümmel zu bändigen. Ruft sie: „Hallo Emir, wären sie gegen eine kleine Schutzgebühr bei mir an einer Probebohrung interessiert?"

Fritzchen stürzt zum Telefon: „Ist dort die Feuerwehr?" - „Ja." Kommen sie schnell! Meine Schwester hat einen Sonnenbrand!"

Zwei Monteure arbeiten auf einem Gerüst. Ruft der eine: „Guck mal, Toni, direkt vor unserer Baustelle hält ein Krankenwagen!" Meint der andere: „Das nenn ich Tempo, wo mir doch eben erst der Hammer runtergefallen ist!"

Der Schotte geht mit seiner Freundin ins Kino. Am Süßwarenstand kauft er eine Tafel Schokolade. Während der Vorstellung knabbert er genüsslich Stück für Stück. Fragt die Freundin: „Schmeckt es?" „Wundervoll! Du hättest dir auch eine kaufen sollen!"

Babsi sitzt in einer Bar und beobachtet, wie ein schon etwas angetrunkener Herr, der neben ihr sitzt, sie langsam mit den Augen auszieht. Dabei macht er mit dem Kopf ruckartige Bewegungen. „Na, was ist?" lacht sie, „klemmt der Reißverschluss?"

2 Mädels gehen über eine Wiese. Plötzlich rast ein Stier auf sie zu. Die beiden rennen weg. Nach einer Weile bleibt eine stehen und keucht: „Ich kann nicht mehr - lieber will ich ein Kalb als einen Herzanfall!"

Sprach Probleme: Ein deutscher Urlauber steht bei Mc Donalds in New York am Tresen. Schließlich fragt die Bedienung: „Chicken?" Darauf der Gast: „No, ich esse hier!"

„Natürlich liebe ich Dich noch genau so wie früher", flüstert der Freund ihr zu. „Ich bewege mich nur so langsam, damit die Zigarettenasche nicht aufs Laken fällt!"

Fleht der Patient: „Helfen sie mir! Ich höre Stimmen." - „Und wann ist das der Fall?" - „Immer wenn ich telefoniere, Herr Doktor!"

Rekruten bei der Musterung. Alle sind nackt, nur einer hat noch einen Slip an. „Ganz ausziehen!" fordert der Stabsarzt. _ „Nicht nötig, unten bin ich voll tauglich!"

Walter macht Zigarettenpause auf der Toilette. Dabei singt er laut: „Es geht alles vorüber, es geht alles vorbei....!" Sagt draußen einer: „Dann setzt dich doch richtig drauf!"

Was ist der Unterschied zwischen einer Prostituierten und einem Tankwart? Der Tankwart kann blasenfrei zapfen, aber die Prostituierte nicht zapfenfrei blasen!

„Was ist denn dein Vater von Beruf?" - „Internationaler Imker." - „Wieso international?" - „Seine Bienen laufen in Hamburg, Paris und Zürich!"

Mutter und Tochter verbringen ein paar Tage in Bayern. Nach dem Feuerwehrball meint die Mutter: „Du hattest vorhin aber einen netten Tanzpartner." - „Ja, einen Italiener. Er sagte immer nur: `Di-fik-i-a-no!"

„Siehst du da den Schuhmacher Paulsen? Der hat 2 Zwillingstöchter!" - „Ja, ich weiß. Das ist das einzige Paar, in das man gut reinkommt!"

Müllers auf Safari. Plötzlich taucht ein Gorilla auf und reißt Frau Müller die Kleider vom Leib. Schreit sie: „Erwin, was soll ich nur machen?" Er: „Mach es wie zu Hause. Sag ihm, du hättest Kopfweh!"

Sven dreht mit einer dicken Backe seine Runden im Schwimmbad. „Hast du Zahnschmerzen?" fragt sein Freund. „Nee", nuschelt Sven, „letztes Mal haben sie mir hier die Seife geklaut - das passiert mir heute nicht mehr!"

Die junge Patientin schämt sich vorm Frauenarzt, will sich im Dunkeln ausziehen. Er tut ihr den Gefallen. Nach wenigen Minuten fragt sie: „Wo soll ich meine Kleider hinlegen?" Darauf der Arzt: „Hier, auf meine...!"

Die blonde Uschi hat ihre erste Auto-Panne. Sie sieht sich den Schaden an und meint erleichtert: „Glück gehabt. Der Reifen ist nur unten platt!"

Willi vorm Fernseher zu seiner Frau: „Helga, bring mir ein Bier!" Sie: „Da fehlt doch das Wort mit dem doppelten T!" Er: „Aber flott...!"

„Junger Mann, sie haben meiner Tochter die Unschuld geraubt. Was haben sie dazu zu sagen?" - „Ich werde es nie wieder tun!"

Zwei Männer unterhalten sich in der Kneipe. Sagt der eine: „Vor der Hochzeit hatte ich mit meiner Frau keinen Sex. Und sie?" - „Keine Ahnung. Wie war denn ihr Mädchenname?"

In der Cocktailbar geht der Playboy direkt auf die heiße Biene zu und sagt: „Ich bin kein Mann von langen Vorreden. Willst du mir schlafen?" Sagt sie: „Okay, du hast mich gerade überredet!"

„Wo hatte ich bloß meinen Kopf, als ich dir einen Heiratsantrag gemacht habe?" - „Das kann ich dir exakt sagen!" giftet sie zurück. „Genau zwischen meinen Schenkeln!"

Klein Fritz wird beim Zigarettenholen vom Polizisten angehalten: „Darfst du denn schon rauchen?" - „Klar, ich rauche seit meinem ersten Geschlechtsverkehr - und da war ich sechs!" - „Aha, und was hasst du dabei empfunden?" - „Weiß ich nicht, ich war damals total bekifft!"

Sie wird bei der Führerscheinprüfung gefragt: „Warum müssen sie beim Autofahren in den Rückspiegel schauen?" Sagt sie zögernd: „Damit ich sehe, ob ich von hinten Verkehr habe!"

„Ach wie niedlich", grinst das sexy Girl, „auf deinen Kopf hast du jede Menge graue Haare und Untenrum kein einziges. Wie kommt denn das?" - „Ganz einfach. Da unten habe ich noch nie Probleme gehabt!"

Soldaten dringen in das traute Heim ein. Sie fallen über die junge Frau her und nehmen sie. Da reißt sich die Oma die Klamotten vom Leib und ruft: „Ich auch, ich auch!" Die Soldaten winken ab. Darauf die Oma empört: „Pfui, wie gemein, Krieg ist Krieg...!"

Warum benutzen Beamte immer dreilagiges Klopapier? Weil sie für jeden Scheiß immer zwei Durchschläge brauchen.

„Meine Frau trägt immer katholische BHs!" - „Was ist denn das?" - „Ganz einfach, wenn ich hinten den Haken aufmache, fallen vorne zwei auf die Knie!"

Ein Pärchen im Wald. Sagt sie. „Ich glaub´, du willst mich bumsen!" - „Nie und nimmer, da denk ich nicht dran!" 10 Minuten später sagt sie wieder: „Ich wette, du willst mich doch bestimmt bumsen!" - „Wirklich nicht, versprochen!" 10 Minuten später: „Nun bums´ mich endlich, damit ich dieses unglaubliche Gefühl los werde!"

Woran starb das kleine Glühwürmchen? Es wollte in der letzten Nacht eine brennende Zigarette vernaschen!

Gehen zwei Nutten durch Mainz spazieren. Sagt die eine kopfschüttelnd: „Mainz ist ja ein Dreckloch!" Sagt die andere: „Meins auch...!"

Zwei Nonnen werden im Wald von zwei Männern überfallen. Da schreit die eine: „Herr vergib ihnen, denn sie wissen nicht was sie tun!" Darauf die andere: „Halt den Mund, meiner weiß es...!"

„Mutti, darf ich in diesem Sommer endlich einen Bikini tragen?" - „Nein, auch in diesem Sommer nicht Detlef!"

Endlich ist der Tunnel zu Ende. Ein Aufatmen geht durch das Abteil, in dem ein Girl mit drei Boys sitzt. „Der war aber lang, was Fräulein?" sagt einer. „Das kann man wohl sagen!" antwortet sie errötend. „War das ihrer?"

Frau Himmel im Supermarkt. „Ich hätte gerne einen Hasen. Aber ohne Schrotkugeln, bitte!" Sagt der Verkäufer: „Dann nehmen sie doch diesen hier. Der hat sich die Pulsadern aufgeschnitten, weil er nicht mehr rammeln konnte!"

Fragt ein Angler den anderen: „Sag mal, wie machst du das? Du hast den Eimer immer voll Fische!" Antwortet der andere: „Ganz einfach, wenn ich abends im Bett liege, halte ich mein bestes Stück hoch. Fällt es nach links, angle ich links, fällt es nach rechts, angle ich rechts!" - „Und was machst du, wenn er stehen bleibt?" - „Du Dussel, dann gehe ich doch nicht angeln!"

Heike kommt von einer Party nach Hause. Fragt die Mutter besorgt: „Na, Kind, warst du auch artig?" - „Und wie! Paul hat gesagt, ich war sogar großartig!"

„Opi, was hättest du lieber: ein sexy Callgirl oder eine Tüte Gummibärchen?" - „Dumme Frage, Fritz, du weißt doch, dass ich keine Zähne mehr habe!"

Fragt der Vater den kleinen Sohn, wen er eben gegrüßt hat. „Ach das ist ein Mann vom Umweltschutz. Der fragt Mutti immer, ob die Luft rein ist...!"

Die 16-jährige zum Vater: „Mich hat ein Autofahrer verführt!" - „Was, wie war denn seine Autonummer?" - „Himmlisch!"

Fragt eine Schlange die andere: „Sag mal, sind wir eigentlich giftig?" - „Wieso?" - „Ich hab´ mir gerade auf die Zunge gebissen!"

Pamela Anderson zu David Haselhoff: „Ach David, es ist echt schrecklich, immer wen ich etwas getrunken habe, werde ich so mannstoll!" David: „Jetzt beruhige dich erst mal, ich hole dir einen Cognac!"

Endlich die 1. Spritztour mit dem Wagen vom Vater: „Papi! Ich kann dein Auto nicht nach Hause fahren! Der Außenspiegel ist kaputt!" - „Dann fahr halt ohne Spiegel!" - „Geht nicht! Das Auto liegt drauf!"

Ein maskierter Mann stürmt die Eisenbahn: „Geld oder Leben!" - „Ich habe keinen Pfennig!" - „Und warum zittern sie dann so?" - „Ich dachte, es wäre der Schaffner!"

Aus einem Ehescheidungs-Urteil: „Die Ehe wird geschieden! Die Kinder werden der Mutter zugesprochen. Die Hausgehilfin dem Ehemann!"

Maren kommt zum Frauenarzt: „Herr Doktor, ich hab so Schmerzen im Unterleib!" Der Doc schaut nach: „Gute Frau, sie müssen die Tampons wechseln, nicht nachschieben..!"

„Anke, du bist so ein stilles Wasser wie dieser Gebirgssee!" - „So tief und klar?" - „Nein so kalt!"

Was macht die Prostituierte auf der Bank. - Ganz klar: Sie eröffnet ein Nummern-Konto!

„Herr Ober", fragt der Gast, „haben sie außer der Suppe noch andere kalte Getränke?"

Ein Vibrator und eine Banane liegen auf dem Nachttisch. Fragt die Banane: „Warum zitterst du denn so?" Wirst du hinterher gegessen wie ich...?"

Polizeikontrolle. Der angetrunkene Fahrer säuselt: „Ich habe nur Tee getrunken!" Darauf der Polizist: „Dann haben sie mindestens 1,8 Kamille!"

Was sagen Kannibalen zu einem Rollschuhläufer? - Essen auf Rädern.

Kommt eine Frau zum Metzger und verlangt 1 Kilo Salami. „In Scheiben oder am Stück?" Die Frau hebt ihren Rock hoch und sagt: „Ist das hier eine Muschi oder ein CD-Wechsler?"

Der 6-jährige Olaf kommt aufgeregt zu seinem Vater gerannt. „Papa, ruf schnell den Notarzt! Mutti sind eben beide Lungen aus dem Kleid gerutscht, als sie sich gebückt hat!"

2 Kühe sitzen vorm Fernseher. „Was kommt heute eigentlich?" fragt die eine. „Ein ganz heißer Film!" freut sich die andere. „Der Bulle von Tölz!"

Der Bestattungs-Unternehmer hat die Nacht bei seiner Freundin verbracht. Beim Abschied fragt er routinemäßig: „Wünscht du ihn noch einmal zu sehen?"

Anton bittet seine Freundin um mehr Leidenschaft beim Sex: „Du könntest ruhig ein bisschen stöhnen!" Darauf sie: „Ach, Anton, du ahnst ja nicht, was heute beim Aldi wieder los war...!"

„Wo haben sie denn die ganze Zeit gesteckt?" - „Ich hab´ ein Stündchen geschlafen!" - „Was denn? Während der Arbeitszeit?" - „Klar, Herr Direktor, schließlich wurde ich ja auch während der Arbeitszeit müde!"

„Diese Hose passt doch wunderbar", sagt die Verkäuferin. „Ich weiß nicht recht", erwidert der Kunde zögernd, „hier unter den Armen kneift sie ein wenig!"

Friedhelm ist am Klagen: „Immer wen ich ein Mädchen nach Hause bringe, gefällt es meiner Mutter nicht." - „Da solltest du dir ein Mädchen suchen, das deiner Mutter ähnlich sieht!" - „Auch schon probiert, aber die gefiel meinem Vater nicht!"

Annelotte will Urlaub machen und kauft die erforderlichen Sachen ein. Beim Apotheker ordert sie eine Packung Antibabypillen und ein Röhrchen Aspirin. Der Pharmazeut gibt ihr das Gewünschte und meint schmunzelnd: „Fräulein, es geht mich ja nichts an, aber interessieren würde es mich schon: Warum tun sie es wenn ihnen davon schlecht wird?"

An der Theke: „Sag mal, Egon, was machst du denn heute für ein finsteres Gesicht?" - „Meine Frau hat mir gedroht, eine ganze Woche lang nicht mit mir zu reden." - „Aber deshalb musst du doch nicht so niedergeschlagen sein." - „Doch. Die Woche ist heute zu Ende!"

Es sagte der junge Mann zum Vater seiner Angebeteten: „Ich möchte sie um die Scheide ihrer Tochter bitten." - „Aber pfui. Man bittet doch um die Hand des Mädchens." - „Brauch ich nicht. Mit der Hand kann ich´s selber!"

Friedhelm ist am Süßholzraspeln: „Schätzchen - du wirst von Tag zu Tag schöner!" Sie: „Das höre ich nun bereits seit fünf Jahren. Ich muss damals ja grauenhaft ausgesehen haben!"

Der Schotte McTavish fragt seine Dauerverlobte: „Sag mal, Schätzchen, willst du am Sonntag mit mir essen?" - „Ein fabelhafter Gedanke, gern!" - „Schön, dann bin ich so gegen zwölf Uhr bei dir..."

Mädchen sind wie Servietten: Entweder liegen sie einem auf dem Schoß - oder sie hängen einem am Hals!

Das Pärchen auf der Parkbank. Flüstert sie: „Hauch mir doch mal was süßes ins Ohr!" Darauf er: „Schokolade!"

Uli pinkelt an eine Hauswand. Gehen 2 Mädchen vorbei und kichern. Schimpft Uli: „Was gibt's da zu lachen?" - „Och, wir kichern bei der geringsten Kleinigkeit!"

Hänschen auf dem Bauernhof: „Was macht denn der Hahn dort auf der Henne?" - „Was wird er schon tun", meint Klein Ina, „er stempelt die Eier!"

In der Hochzeitsnacht kann sie plötzlich nicht mehr und schluchzt: „Was ist wenn ich jetzt 9 Kinder auf einmal kriege?"

„Herr Doktor, ich bin unersättlich. Jede Nacht muss mein Mann ran. Im Büro treib ich's mit Kollegen und neulich musste sogar der Hausmeister dran glauben. Bin ich Nymphomanin?" - „Nein, sonst hätten sie sich kaum die Zeit genommen, mir das alles zu erklären!"

Brautvater: „Würden sie meine Tochter auch heiraten, wenn ich kein Geld hätte?" - „Natürlich!" - „Na, dann vergessen sie es! Dummköpfe brauchen wir in dieser Familie nicht!"

Meier meldet seine Frau als vermisst. „Haben sie ein Bild von ihr?" fragt der Polizist. „Hier!" Der Beamte sieht das Bild an, schaut dann zu Meier, sieht wieder das Bild an, meint schließlich: „Im Ernst, sollen wir die wirklich suchen?"

„Junger Mann", fährt Frau Müller den Verehrer ihrer Tochter an, „sie wollen meine Tochter heiraten, und das ohne mich zu fragen?" - „Aber gnädige Frau", murmelt der verdutzte junge Mann, „ich hatte ja keine Ahnung, dass sie mich auch wollen!"

„Immer diese blöden Schwiegermutter Witze. Also ich vertrage mich mit meiner prima!" - „Wo wohnt sie denn?" - „In Neuseeland!"

Kirchberger kommt von der Beerdigung seiner Schwiegermutter zurück. Als er gerade die Haustür aufschließen will, fällt ihm ein Ziegel auf den Kopf. Murmelt Kirchberger: „Die scheint ja schon oben zu sein..."

„Hör mal!" sagt die Schwiegermutter mit drohender Stimme. „Gestern war meine Tochter bei mir..." _ „Hab ich´s mir doch gleich gedacht. Sie nimmt einfach alles zu wörtlich. Ich hab ihr nämlich gesagt, sie sollte sich zum Teufel scheren....!"

Der Ehemann kauft ein. „Ich brauche ein Pfund Äpfel für meine Schwiegermutter. Sind die mit irgendeinen Gift gespritzt?" - „Nein", meint der Obsthändler, „aber nebenan in der Apotheke kriegen sie bestimmt was passendes!"

Kalle hat am Montagmorgen Neuigkeiten für seine Kollegen: „Mir hat man das Auto geklaut!" - „Das tut mir aber leid", antwortet ein Kollege. „Wie man es nimmt - meine Schwiegermutter saß noch auf dem Rücksitz!"

Es klopft an der Haustüre. Er macht auf. „Aber Schwiegermutter, was stehst du draußen im Regen? Du erkältest dich! Geh doch nach Hause!"

Der Ehemann klagt einem Freund: „Meine Schwiegermutter ist wie eine Tageszeitung!" - „Warum? Redet sie so viel?" - „Nein, seine erscheint täglich!"

Die Schwiegermutter ist seit 4 Tagen zu Besuch. Am Abend kommt der Vater zum kleinen Albert und sagt: „Du wolltest ja schon immer eine Trompete haben - morgen kaufen wir eine!"

Nach der Untersuchung der 20. Patientin sagt der Frauenarzt erschöpft zur Sprechstundenhilfe: „Ich verstehe das nicht. Irgendwas muss in der Luft sein, dass die Frauen alle schwanger sind!" - „Ja - die Beine!"

Abendgebet einer 8-jährigen: „Noch bin ich klein und schlaf allein - doch bald bin ich groß, und dann geht´s los.."

Uwe zu seiner Freundin: „Wir haben jetzt seit 2 Stunden über dein neues Kleid geredet. Können wir das Gesprächs Thema jetzt nicht mal fallen lassen?"

Ganoven-Pit zu seinem Kumpel: „Kannste mir mal schnell 6 Mille pumpen? Kriegste nachher zurück, wenn die Bank geschlossen hat!"

Die Frau von Bruch-Ede schreibt ihm ins Gefängnis einen Brief. „Liebling! Die Kinder kommen in ein Alter, wo sie beginnen, Fragen zu stellen. Sie wollen wissen, wo du die Beute versteckt hast?"

Treffen sich 2 alte Knastbrüder. „Ich habe gehört, du bist wohlhabend geworden", sagt der eine. „Ja, ich habe einen Juwelierladen aufgemacht!" - „Und womit?" - „Mit einer Brechstange!"

„Wie alt sind sie eigentlich; Herr Schulze?" - „Ich wurde 1950 geboren." - „Das sagen sie schon seit Jahren. Sie müssen doch auch mal älter werden!"

„Ich suche Abenteuer, Spannung und hübsche Mädchen!" verkündet der Sohn. „Halte mich nicht auf, Vater, wenn ich dich und Mutter heute verlasse!" - „Aufhalten? Bestimmt nicht, Junge. Ich komme mit!"

Siegfried kam in der Abenddämmerung auf seinem Fahrrad durch das Dorf gesaust. Der Polizist sah, dass das Fahrrad unbeleuchtet war, und stellte sich ihm in den Weg. „Sofort anhalten!" rief er. „Sie fahren ohne Licht!" - „Zur Seite, Menschenskind!" brüllt Siegfried, „ich habe auch keine Bremsen!"

„Lisa, wenn ich vor dir sterben sollte, heiratest du dann noch mal?" „Vermutlich ja!" - „Würdest du mit ihm in einem Bett schlafen?" - „Es wäre schließlich mein Mann!" - „Würdest du ihm meinen Golfschläger geben?" „Auf keinem Fall! Er ist Linkshändler!"

Zärtlich umarmt sich das Paar auf einer Parkbank. Nach einer Weile bemerkt der Liebhaber einen Mann, der seiner Geliebten heimlich Zeichen macht. „Verschwinden sie endlich!" schimpft er. „Entschuldigen sie bitte", sagt der Mann schüchtern, „aber meine Frau hat den Haustürschlüssel in der Handtasche!"

Eine Blondine ruft in heller Aufregung bei der Feuerwehr an: „Schnell, kommen sie, mein Haus brennt!" - „Wie kommen wir zu Ihnen?" - „Ja, wie?

Haben sie denn die großen roten Autos nicht mehr?"

Warum steht an der Schlafzimmerdecke einer Blondine immer ein großes „A" geschrieben? Damit sie den Text nicht vergisst!

Die junge Tänzerin fiel beim Aussteigen aus der Straßenbahn unglücklich auf den Rücken und deckte sich unfreiwillig ziemlich weit auf. Doch im Handumdrehen ist sie wieder auf den Beinen und strahlt die Gaffer an: „Habt ihr meine Reaktion gesehen?" Stimme aus dem Hintergrund: „Also, ich weiß nicht recht, Fräulein, bei uns nennt man das `Muschi`!"

Frau Schmitz liegt im Sterben. "Karl-Otto", flüstert sie, „ich muss dir vor meinem Tod ein Geständnis machen. Es war nicht die Putzfrau, die deinen goldenen Manschettenknopf gestohlen hat. Ich habe es getan. Und ich war es auch, die dir deine Brieftasche gestohlen hat." - „Reg dich nicht auf, meine Liebe", tröstet sie der Gatte. „Ich muss dir auch ein Geständnis machen: Ich war es, der dich vergiftet hat!"

Ein Autofahrer wird auf einer Brücke von einem Polizisten angehalten: „Gratuliere! Als 100 000. Fahrer über diese Brücke bekommen sie 1000 Euro. Was machen sie damit?" Der Mann am Steuer: „Den Führerschein." Sagt die Frau auf dem Beifahrersitz: „Hören sie nicht auf ihn, er ist betrunken!" Der schwerhörige Opa hinten seufzt: „Wusste ich´s doch. Wir kommen mit dem geklauten Auto nicht weit." Ertönt aus dem Kofferraum eine Stimme: „Leute, sind wir schon hinter der Grenze?"

2 Blondinen spielen Schach. Sagt die eine: „Hast du eigentlich die Regeln im Kopf?" - „Wieso, blute ich aus der Nase?"

„In eurer Fußballmannschaft steht eine 70-jährige im Tor. Seid ihr nicht ganz dicht?" - „Wieso? Das ist unsere Dorfjungfrau, die hat schon 70 Jahre keinen Reingelassen!"

Susi und Frieda sitzen im Kino. Sagt Susi. „Neben mir sitzt ein Kerl, der onaniert!" - „Beachte ihn einfach nicht!" meint Frieda. Stöhnt Susi: „Das geht nicht, er macht es mit meiner Hand!"

Tom berichtet seiner Verlobten, dass er sie betrogen hat. Am Abend hängt an der Schlafzimmertür eine Fahne mit Hammer und Sichel. „Was soll denn das bedeuten?" fragt er. „Ganz einfach!" sagt sie. „Mit Bumsen ist jetzt Sense!"

Ein Mann sitzt auf einer Parkbank und liest Zeitung. Kommt ein Polizist vorbei und sagt: „Sie können hier nicht sitzen, ihre Hose ist auf!" - „Huch, ist die Dame schon weg?"

Revolte im Frauengefängnis. Nur der Koch grinst und sagt: „Das krieg ich schon hin!" Tatsächlich kurz darauf ist Ruhe. Fragt der Direktor: „Was haben sie denn gemacht?" - „Ganz einfach: Ich habe gedroht: Wenn ihr nicht sofort ruhig seid, kriegt ihr ab morgen die Würstchen nur noch in Scheiben geschnitten!"

Der Zahnarzt will gerade mit dem Bohrer loslegen, als er entsetzt erstarrt: „Mein Fräulein, wissen sie, dass sie gerade meinen Hoden in der Hand haben?" Sagt sie locker: „Ja, ich weiß, und wir wollen uns doch nicht gegenseitig wehtun, oder?"

„Was machst du da?" schreit der Ehemann, als er seine Braut mit 'nem anderen im Bett erwischt. Sagt sie zu ihrem Liebhaber: „Siehste, er hat echt keine Ahnung!"

„Wenn ich einmal heirate, kommt nur der 21. Dezember in Frage." - „Abergläubisch?" - „Blödsinn! Das ist die längste Nacht im Jahr!"

„Sag mal, kennen wir uns nicht?" fragt Holger seine Tanzpartnerin. „Na klar! Ich bin doch die Gaby!" - „Ach ja, ich habe dich im Stehen gar nicht wieder erkannt!"

Als der Rennstall-Besitzer nachts nach Hause kommt, sieht er seine Frau mit seinem Jockey im Bett. Sofort brüllt er: „Das war das letzte Mal, dass sie für mich geritten sind!"

Anruf bei der Polizei: „Kommen sie schnell, hicks, mir hat man das Lenkrad geklaut, hicks!" Kurz darauf ein neuer Anruf: „Hat sich erledigt, hicks, bin nämlich hinten eingestiegen!"

Will Tobias von seiner Berufsschul-Lehrerin wissen: „Kann man für etwas bestraft werden, was man nicht gemacht hat?" - „Nein!" - „Prima, ich hab´ nämlich die Hausaufgaben nicht gemacht!"

„Was höre ich?" schreit wütend der Vater, „du kriegst ein Kind? Habe ich dir nicht immer wieder geraten, nein zu sagen?" - „Habe ich ja auch", heult

Susi, „als Jürgen mich fragte, ob ich etwas dagegen hätte, habe ich laut und deutlich nein gesagt!"

Im Kindergarten sagt ein 4-jähriges Mädchen zum anderen: „Du, gestern lag auf der Promenade in Präservativ!" Die andere: „Du, was ist denn eine Promenade?"

Brigitte schluchzt: Mami, ich bekomme ein Kind! - „O Gott, wo hattest du denn deinen Kopf!" - „Unterm Lenkrad!"

Sagt Mäxchen zu seinem Vater: „Ich wünsche mir zum Geburtstag ein Schwesterchen und von dem Kindergeld kaufst du mir dann ein Fahrrad!"

„Ich singe jetzt 'Am Brunnen vor dem Tore'" sagt die Gastgeberin. Ein Gast: „Gehen sie nur, hier hört ihnen ja doch keiner zu!"

„Schütze Scheller, ein echter Soldat kommt ohne Feindbild nicht aus!" - „Das will ich gern glauben, Herr Hauptmann, aber meine Schwiegermutter will sich nicht fotografieren lassen!"

„Wenn zwei sich streiten, freut sich der dritte!" grinst der Scheidungsanwalt - und streicht sein Honorar ein!

„Meine neue Freundin ist wie ein Berufsboxer!" sagt Toni zu seinem Freund. „Wieso?" - „Die blüht erst richtig auf, wenn sie einen Ring sieht!"

„Fräulein Lola, wir gehen jetzt zu mir nach Hause, und ich werde sie meinen Eltern vorstellen. Sie werden ihnen bestimmt gefallen - sie kommen nämlich schon morgen Mittag von ihrer Reise zurück!"

„Nun Gaby, hast du schon die ersten Proben mit deinem neuen Regisseur hinter dir?" - „Ja und nein! Zunächst waren es nur Stichproben!"

„Das ist mein voller Ernst", sagte Frau Hummenberg, als es auf der Treppe rumste.

Der Sohn des Bahnhofsvorstehers kommt von seinem ersten Schultag heim. „Schöne Schwindler sind das", schimpft er. „Obwohl 1. Klasse an der Tür steht, nichts als Holzbänke!"

„Papa, sind das hier Chrysanthemen?" - „Ja, mein Junge." - „Und wie schreibt man das?" - „Oh, ich glaube, es sind doch Nelken!"

Arzt: „Guten Tag, Frau Müller, was fehlt ihnen denn?" - „Gar nichts, Herr Doktor, ich wollte nur im Wartezimmer den Roman von letzter Woche weiterlesen..."

Der Vater empört. „Junger Mann, ich werde sie lehren, meine Tochter zu küssen!" - „Zu spät", winkt Egon ab, „sie hat's mir schon selbst beigebracht!"

Fahrgast zum Taxifahrer: „Warum halten sie denn hier?" - „Die Dame hat doch Stopp gesagt." - „Aber das galt doch nicht ihnen!"

„Wozu brauchen sie denn 20 Pfund Spinat, Herr Krause?" fragt die Verkäuferin erstaunt. „Die nehmen wir abends mit ins Bett!" - „Ins Bett?" - „Ja, meine Frau hat's so gern im Grünen!"

Auf dem Ball sagt die Gattin mit gereiztem Unterton zu ihrem Mann: „Willst du mich nicht endlich mal zum Tanz auffordern?" - „Natürlich, wir sind doch nicht nur zum Vergnügen hier!"

„Martha", sagt Frau Schmitz zu ihrem neuen Mädchen, „eins sage ich ihnen gleich: Ich kann keinen Staub auf den Möbeln liegen sehen!" - „Das trifft sich ja Großartig", strahlt die Perle, „ich bin nämlich auch kurzsichtig!"

Oma Krause liest das Inserat eines Antiquitätenhändlers: „Alte Schachtel für Liebhaber gesucht!" lautet die Annonce. Oma Krause greift zum Kuli und murmelt vor sich hin: „Auch wenn mir seine Ausdrucksweise nicht besonders gefällt, schreiben kann ich ihm ja mal!"

„Ich grüble jetzt schon, was ich meiner Tante zu Weihnachten schenken könnte." - „Rauchtischlampe?" - „Nein, das tut sie nicht."

Der Bos zu seinem Mitarbeiter: „Meier, sie sind mein bestes Pferd im Stall!" - „Wirklich?" - „Ja, sie machen den meisten Mist!"

„Mutti, Mutti, was sind eigentlich Hoden?" - „Ach, Kindchen, kümmere dich doch nicht um ungelegte Eier!"

„Du bist jetzt 15 und willst schon die Pille?" - „Ja, Mutti, wer garantiert mir denn, das ich noch ein paar Jahre Glück habe!"

Der Beamte zu seinem Kollegen: „Ich weiß gar nicht, was die Leute gegen uns haben, wir tun doch gar nichts!"

„Sie machen nur alle 2 Jahre Ölwechsel? Schadet das nicht ihrem Wagen?" - „Wieso Wagen, ich hab´ eine Pommes-frites-Bude!"

„Unser Lehrling behauptet, den Chef auf Ibiza gesehen zu haben!" - „Ibiza, ist das nicht die Dunkelhaarige aus dem Verkauf?"

Jedes Jahr wird früher mit den Weihnachtsvorbereitungen angefangen! Meinem Auto wollten sie gestern schon neue Kerzen einsetzen!

„Wie behandelt euch euer Chef?" - „Wie rohe Eier!" - „Toll!" - „Ja, er haut uns nur in die Pfanne!"

Tim hat auf dem Dachboden sein altes Laufgitter gefunden. „Mama, wir bekommen bald wieder ein Kind. Die Falle ist oben schon aufgestellt!"

„Lauf jetzt nicht über die Straße!" mahnt die Schnecke ihr Kind. „In 3 Stunden kommt der Linienbus!"

„Kennen sie den Unterschied zwischen Legosteinen und einer Frau?" - „Nein!" „Na, dann spielen sie mal weiter mit Legosteinen!"

„Frau Kleiber, warum haben sie den ihrem Untermieter gekündigt?" - „Ja, wissen sie, ich bin ja eine großzügige Frau und misstraue niemanden. Aber wenn jemand sein Schlüsselloch zuklebt, muss doch mit ihm was faul sein!"

Meint der Arzt zum Patienten: „Bitte, können sie nicht mal für einen kleinen Augenblick ruhig sein?" Darauf er: „Wieso, ich habe gedacht, es wäre jetzt Sprechstunde!"

„Du bist ein Ferkel", sagt der Vater zum Sohn. „Du weißt ja wohl hoffentlich, was das ist?" - „Klar, Papa. Das ist das Kind von einem Schwein!"

Ein Mann betritt das Blumengeschäft: „Ich hätte gern 100 rote Rosen." Staunt die Verkäuferin: „Du liebe Zeit! Was haben sie denn angestellt?"

Beim Waldspaziergang begegnet Hugo einer jungen Frau. „Ist das nicht herrlich?" quatscht er sie an. „Dieser Blumenduft, diese Bäume - fast wie im Urwald!" - „Genau, erwiderte sie. „Und der Affe ist auch schon da!"

Torkelt ein Typ in die Kneipe, leicht verstört, in der Hand ´ne Plastiktüte. Wirt: „Mensch Kalle, was ist denn mit dir los?" - Kalle: „Ich habe Lotto gespielt und 6 Richtige." - „Das ist ja Wahnsinn!" - „Von wegen, meine Frau hat vergessen, den Lottoschein abzugeben." - „Was? Der hätte ich den Kopf abgeschlagen!" - „Was meinst du, was ich hier in der Tüte habe?"

Was ist der Unterschied zwischen mutig, übermütig und schlagfertig? - Mutig ist, wenn einer mit der Badehose ins Theater geht. Übermütig ist, wenn er die Badehose auch noch abgibt. Und schlagfertig ist, wenn die Garderobenfrau fragt: „Wollen sie den Knirps auch noch abgeben?!"

„Ja, ja, Frau Meier. Bei ihren 11 Kindern wissen sie bestimmt nicht, was es für ein schönes Gefühl ist, mal ganz in Ruhe die Arme zu verschränken?" - „Nein, und von den Beinen ganz zu schweigen!"

„Ach!" schwärmt Inge nach ihrem Adria-Urlaub. „Die Italiener sind noch richtige Männer. Beim Autofahrern werfen sie mit der einen Hand den Mädchen Küsse zu, und mit der anderen geben sie Verkehrszeichen." - „Und womit steuern sie?" - „Ich sagte doch, das sind noch Männer!"

Was ist der Unterschied zwischen einer Schwiegermutter und einer Bowling-Kugel? - In die Bowling-Kugel kriegt man nur 3 Finger rein!

Der Freund der Tochter übernachtet zum 1. Mai im Haus. Der Vater fürsorglich: „Wenn er dich küssen will, rufst du ganz laut `Kirschen`. Wenn er an deinen Busen will, schreist du `Äpfel`, will er unten ran, dann `Pfirsich`." Mitten in der Nacht wacht er auf und hört den erstickenden Schrei der Tochter: „Obstsalat...Obstsalat...Obstsalat...!"

Gaby hatte 3 Freunde. Der 1. kam mit einem Flugzeug, den hat sie fliegen lassen. Der 2. kam mit einem Auto, den hat sie fahren lassen. Ihr 3. Freund kam mit einem Pferd....

Heißer Sommertag. Plötzlich wird der Hühnerschlag aufgerissen, der Hahn rennt raus, stürmt über den Hof und kräht: „Ich habe mich geirrt - ich habe mich geirrt!" Gleich darauf kommt 'ne Ente rausgewatschelt und schreit: „Aber das macht doch nichts - das macht doch nichts!"

Die beiden 100-Meter Läufer sprinten gleich schnell. Da der eine längere Nase hat, gewinnt er. Als beide nach dem Lauf unter der Dusche stehen, zischt der andere: „Das nächste Mal laufen wir nackt - dann gewinne ich!"

Neulich in der Schule. Lehrer zu Susi: „Wann sind die Tage länger: im Winter oder im Sommer?" Susi: „Keine Ahnung, ich habe sie erst seit gestern!"

Der Vater zum 5-jährigen Fritzchen: „Der Storch hat dir in der letzten Nacht ein Schwesterchen gebracht." - „Mensch, Papi, da laufen in der Stadt die tollsten Tussis rum, und du machst es mit einem Storch!"

„Liebling", flüstert die Freundin vom Chirurgen, „spielen wir heute Abend wieder Organverpflanzung?"

„Sie haben 2 Wünsche frei!" sagt die Fee zum Beamten. - „Prima, als 1. möchte ich auf eine Südsee-Insel!" Zack, ist er auf Hawaii. „Ich möchte nie mehr arbeiten!" spricht er den 2. Wunsch aus. Zack, ist er wieder im Büro!

„Martin hat mir gestern im Garten ein süßes Rotschwänzchen gezeigt!" sagt Biggi zu ihrer Freundin. - „Gut, dass du mir das sagst, dann ist mein Lippenstift doch nicht kussecht!"

Dirk zu Peter: „Also, mit deiner Freundin könnte ich nicht warm werden, die hat doch gar nix im Oberstübchen!" - „Macht nichts, dafür hat sie ein phantastisches Treppenhaus!"

„Ich werde hier einen Gemüseladen aufmachen." - „Lohnt sich das in dieser Gegend denn?" - „Das will ich wohl meinen. Meine Schwester hat hier vor 3 Jahren mit 1 einzigen Pfläumchen angefangen, und jetzt hat sie 3 Mietshäuser!"

Ein Bauer kommt strahlend vom Markt nach Hause. „Stellt euch vor, ich habe mein Schwein für 3000 Euro verkauft!" - „Bargeld oder Scheck?" - „Weder noch: zwei Hühner für je 1 500 Euro!"

Was machst du für Sachen Otto. Deine Frau hat mir erzählt, du seiest ein Bigamist." - „Welche?"

Der Hauptmann zur Kompanie: „Alles kehrt!" Schreit einer: „Wo sind die Besen?"

Dem Rennstallbesitzer ist der neue Jockey entschieden zu langsam. Er stellt ihn deshalb zur Rede. Doch der Jockey ist von seinen Reitkünsten überzeugt: "Ich weiß gar nicht, was sie wollen?" murrt er, "da waren doch noch mindestens fünf Pferde hinter mir...!" - "Das stimmt, aber die gehörten schon zum nächsten Rennen!"

Der Arzt fragt die junge Patientin: "Nehmen sie die Pille?" - "Nein, Herr Doktor", sagt sie errötend, "aber ich kann sie bis zum nächsten Mal nehmen."

Die Ehefrau kommt vom Arzt nach Hause und sagt: "Der Doktor meint, dass eine Krankheit immer die schwächsten Teile eines Körpers angreift!" Meint der Gatte bissig: "Daher deine ewigen Kopfschmerzen!"

"Sie können mich mal", sagt Sonja zu dem aufdringlichen Verehrer. Grinst er: "Mehr will ich ja gar nicht!"

"Nein", sagt Frau Grünbier entschieden, als das Rote Kreuz bei ihr schellt, "wir geben nun direkt. Mein Mann überweist jeden Monat 200 Euro an einen jungen Ausländer namens Ali Mente!"

"Mein Vater ist Beamter!" - "So, meiner geht arbeiten!"

"Ich wohne in einem komischen Haus. Die halbe Nacht trommeln die Leute mit ihren Fäusten auf den Wänden herum und schreien." - "Warum?" - "Ich kann sie nicht verstehen, meine Stereoanlage ist so laut."

"Es ist schlimm mit Paul. Nie hat er Geld." - "Wollte er dich anpumpen?" - "Nein, ich ihn!"

"Na, Gudrun - wie war es denn im Kino?" fragt Moni. "Ach ziemlich blöd. Ich habe viermal den Platz wechseln müssen." - "Nanu - haben dich die Männer befummelt?" - "Ja, aber erst der fünfte!"

Seufzt die junge Witwe: "Das einzige, was mich am Tod meines Mannes beruht, ist dass er keinen langen Leidensweg hatte." - "So, wie lange waren sie denn verheiratet?"

Sagt Petra: "Manchmal nimmt mein Vater Sachen auseinander, um zu sehen weshalb sie nicht gehen." - "Na und?" fragt Dieter. Petra: "Deshalb solltest du jetzt gehen!"
"Papa, warum hast du Mama geheiratet?" - "Siehst du, Mathilde, noch nicht einmal das Kind versteht es!"

Was ist ein Super-Macho? Ein Mann, der sich einen blasen lässt, keinen hochbekommt und dann fragt: "Sag mal, Süße, passiert dir das öfters!"

Fritz sitzt in der Badewanne und onaniert. Da kommt die Mutter zur Tür herein und fragt entsetzt: "Aber Fritz, was machst du da?" - "Wieso, ich kann doch meinen Schniedel waschen, so schnell, wie ich will!"

Der Erstklässler erzählt zu Hause: "Ich glaube, unsere Lehrerin hat keinen BH an." Vater: "Wie kommst du denn darauf?" - "Ja, da guckten so die Schnuller durch die Bluse."

"Ich kann nichts bei ihnen finden", murmelt der Gynäkologe zwischen den Schenkeln der reizenden Patientin. "Nächste Woche muss ich noch mal suchen!"

"Ist dein Chef eigentlich schon mal frech zu dir geworden, Gaby?" - "Und ob! Letzte Woche kam er rein und sagte: Nun aber mal ran an die Arbeit!"

Eine junge Dame beim Hals-Nasen-Ohren-Arzt. "Hatten sie schon mal Polypen, Fräulein?" - "Ja, Herr Doktor, vor zwei Jahren einen vom zwölften Revier."

"Petra, warum rennst du denn so?" - "Ich muss für meinen Mann einen Arzt holen!" - "Eilt es so?" - "Allerdings, ich will vorher noch schnell zum Friseur."

Gestresst kommt Vertreter Lehmann von einer mehrtägigen Geschäftsreise zurück. Er entledigt sich seines Anzugs, hängt ihn über einen Bügel und meint: "Dem würde es auch gut tun, wenn er mal wieder richtig durchgebürstet würde!" Seufzt seine Frau: "Nicht nur dem Anzug...!"

"Sie gehen aber ran, ich bin doch erst heute angekommen!" wundert sie sich. "Was soll ich machen?" meint er, "ich muss doch schon morgen abreisen!"

"Wenn wir verheiratet sind, werden wir zwei süße Kinder haben!" haucht sie. "Woher weißt du denn das schon, mein Schatz?" - "Weil ich sie dann bei meiner Mutter abholen werde!"

Der Schaffner zum Zugreisenden: "Wieso haben sie denn keine Fahrkarte?" - "Entschuldigen sie, ich dachte, die Strecke wäre schon lange stillgelegt!"

"Herr Kommissar, ich möchte den Fassadenkletterer sprechen, der letzte Nacht bei mir eingebrochen hat." - "Und warum?" - "Der Kerl ist durch das Schlafzimmer meiner Frau gegangen, ohne sie aufzuwecken. Ich muss unbedingt wissen, wie er das gemacht hat!"

Fragt der Besucher den Abteilungsleiter: "Wie viele Menschen arbeiten denn hier?" - "Hm, ich schätze, so etwa die Hälfte!"

"Sag mir bitte ganz ehrlich, was möchtest du lieber haben: eine schöne, eine anständige oder eine intelligente Frau?" - "Keine von allen, Liebling, ich habe ja dich!"

"Soll ich Ihnen das Essen in die Kabine bringen?" fragt der Steward den Seekranken. "Nicht nötig, werfen sie es bitte gleich über Bord!"

"Tut mir leid, mit diesem Zehn Euroschein kannst du nichts kaufen", sagt der Ladeninhaber zu Fritzchen, "der ist falsch!" - "Papi wollte ihn ja auch nur gewechselt haben!"

Die Gastgeberin zu ihrem Tischnachbarn: "Stehen sie eigentlich mit meinem Mann in geschäftlicher Verbindung?" - "Nein." - "Dann nehmen sie die Hand von meinem Knie!"

"Herr Schaffner, muss ich für die Kinder auch bezahlen?" - "Unter vier nicht!" - "Da habe ich ja Glück, es sind nur drei!"

"Gnädiges Fräulein. Sie stammen bestimmt aus Hamburg?" - "Nein, ich bin aus München, bin aber in Hamburg zur Schule gegangen!" - "Donnerwetter, da hatten sie aber einen weiten Schulweg!"

Urlaub im Gebirge. "Wieso liegen denn da so viele Steine im Bachbett?" - "Die hat alle der Bach runtergespült." - "Und wo ist der Bach jetzt?" - "Wird oben sein, neue Steine holen!"

Auf einer der Jungfern-Inseln landet ein Rettungsfloß. "Und was jetzt?" fragt das junge Mädchen. "Ist doch klar", erwidert der junge Mann. "Als erstes ändern wir den Namen der Insel!"

Das Passagierschiff droht zu sinken. Da ruft der Kapitän: "Ist einer der Herren zufällig Geistlicher?" - "Ja, ich!" - "Na fein! Sie stehen in Gottes Hand. Wir haben nämlich eine Schwimmweste zu wenig!"

"Warum willst du immer wissen, wie viel eine Dirne kostet? Ich denke, du machst dir nichts aus Nutten!" - "Nun ja, aber dann weiß ich, wie viel Geld ich spare, wenn ich onaniere!"

Fragt Karlchen seinen Vater: "Papa, was ist eigentlich die Höchststrafe für Bigamie?" - "Zwei Schwiegermütter!"

Das junge Paar hockt auf der Rückbank und raucht eine Zigarette danach. "Wollen wir's noch mal machen, bevor wir in die Disco zurückfahren?" fragt er. "Nein", meint sie, "für 'ne feste Beziehung bin ich noch viel zu jung!"

Er fragt sie am Morgen nach der Hochzeitsnacht: "Was magst du zum Frühstück, mein Schatz?" - "Du weißt doch, was ich mag!" - "Ja sicher, aber du musst auch mal was essen!"

Wetterwitz der Woche: "Wie war ihr Urlaub an der Nordsee?" - "Wir mussten uns den ganzen Tag einölen!" - "So viel Sonne?" - "Nein, der Regen lief besser ab."

"Nun wollte ich ihnen ein Rezept schreiben und kann den Füller nicht finden!" - "Aber der steckt doch unter meiner Achsel, Herr Doktor!"

"Sagen sie", fragt er die süße Blondine, "haben wir uns nicht schon mal getroffen?" - "Richtig, der Treffer wurde in diesem Jahr eingeschult!"

"Sabine, es ist schrecklich wie teuer die Lebensmittel geworden sind." - "Das kann man wohl sagen, Renate. Erst kürzlich hat mein Franz für einen lumpigen Räucherschinken zwei Monate bekommen!"

"Ist es für ihren Mann nicht störend, dass er fast taub ist?" - "Im Gegenteil! Die Firma schätzt es, er sitzt doch in der Beschwerdestelle für das Publikum."

Der Lehrer will den Kindern den Begriff der Idee klarmachen. Da ruft Hänschen: "Das hat was mit Obst und Gemüse zu tun!" - "Was?" - "Ja, ich habe gestern Nacht gehört, wie Vati gesagt hat: `Frau, nimm die Pflaume eine Idee höher, ich krieg sonst meine Rübe nicht rein!"

"Was ist eigentlich mit deinem Vaterschafts-Prozess, Rita?" - "Ach, die Richter suchen noch das letzte Glied in der Beweiskette!"

Frau Mölle lässt sich untersuchen. Sorgfältig klopft der Arzt sie ab. "Ach, hören sie endlich auf", sagt Frau Mölle nervös. "Ich kenne das: Erst klopfen sie an, dann wollen sie rein."

Vorm Fernseher sagt Gerd zu Biggi: "Zieh dich ruhig wieder an, das Fußballspiel wird verlängert!"

"Von wem hast du das hübsche Spielzeugauto, Karlheinz?" - "Das hat mir ein kleines Mädchen unten im Hof geschenkt." - "Was hat es denn gesagt?" - "Gesagt hat es nichts, nur gebrüllt!"

Pastor: "Als ich sie das letzte Mal sah, waren sie vollkommen nüchtern. Darüber war ich sehr glücklich. Aber heute sind sie schon wieder blau." - "Ja, Herr Pastor, diesmal bin ich damit an der Reihe, glücklich zu sein."

"Nun, wie hat ihnen ihre neue Brille geholfen? Haben sie noch immer schwarze Punkte vor den Augen?" - "Ja, aber ich sehe sie jetzt klar und deutlich."

"Bestellen sie schon mal zwei Schnitzel, Herr Ober, aber bitte noch nicht servieren! Ich warte noch auf meine Frau." - "Fett oder mager?" - "Was fällt ihnen ein? Das geht sie einen Dreck an!"

Es sagte der Macho: "Frauen sind nun mal das schwache Geschlecht. Darum hat jeder Mann etwas, woran sich eine Frau festhalten kann!"

Peter sitzt in einem Pariser Cafe. Ein Mädchen am Nachbartisch lächelt ihm zu. Er setzt sich zu ihr und fragt: "Können sie Deutsch?" Sie strahlt ihn an und erwidert: "Genügt ihnen Französisch nicht?"

Ein Fußballer sitzt in der U-Bahn und wirft der hübschen Frau gegenüber Papier-Kügelchen in den Ausschnitt. "1:0", schreit er, als er trifft! Darauf nimmt sie ein Ei und schmeißt es ihm voll in den Unterleib: "So 1:1!" - "Stimmt nicht!" grinst er. "Latte!"

"Werner", fragt die Tochter des Chefs, "hast du heute bei meinem Vater um meine Hand angehalten?" - "Nein, er war so gut gelaunt, dass ich ihm lieber um eine Gehaltserhöhung gebeten habe!"

Der Richter faucht den Angeklagten an: "Ich kenn´ sie doch. Ich habe sie schon x-mal gesehen. Wie oft sind sie vorbestraft?" - "Gar nicht, Herr Richter, ich bin Nachtportier im Puff!"

"Wir sind 3 Schwestern und machen alles gemeinsam. Wir arbeiten in derselben Firma, fahren zusammen in Urlaub, und abends sitzen wir vorm Fernseher einträchtig zusammen!" - "Und wie stets mit der Liebe?" - "Ja, da haben wir eine Gemeinschaftsantenne!"

"Na, hat dir der Chef die Gehaltserhöhung gebilligt?" - "Nein, aber ich darf näher an der Tür sitzen, damit ich zum Büroschluss schneller nach Hause komme!"

Der Mann: "Herr Doktor, ich leide unter Schlaflosigkeit!" Der Doktor: "Ich werde ihnen ein Potenzmittel verschreiben, das hilft ihnen bestimmt!" Staunt der Patient: "Das soll helfen?" Der Doktor: "Das nicht unbedingt, aber dann macht ihnen das Wachbleiben wenigstens Spaß!"

Der Schotte probiert im Laden alle Käsesorten. Schließlich entscheidet er sich für einen Gouda. Fragt der Verkäufer: "Wie viel darf es denn sein?" Der Schotte: "Nur ein kleines Würfelchen. Es ist für eine Mausefalle!"

Schimpft der Vater mit dem Sohn: "Warum hast du den Ring, den du gefunden hast, nicht abgegeben?" Der Sohn: "In dem Ring war eingraviert: Für immer dein!"

"Hat die Rosi deinen Heiratsantrag angenommen?" - "Nein, leider nicht, ich soll noch warten!" - "Worauf denn?" - "Auf die anderen. Sie sagte, ich wäre der allerletzte, den sie heiraten würde!"

Neugierig beobachtet Rudi durch das Schlüsselloch seine Eltern im Schlafzimmer. Nach einer Weile murmelt er: "Großartig! Und mich machen sie zur Schnecke, wenn ich nur mal am Daumen lutsche!"

Erich muss einen Arzt aufsuchen. Als er zurückkommt, fragt seine Frau: "Na, hat dich der Arzt gründlich untersucht?" Winkt Erich ab: "Überhaupt nicht! Er hat mich nur am Handgelenk angefasst und nachgesehen, ob seine Uhr richtig geht!"

"Herr Ober", lallt Meier, "ich habe zu viel getrunken. Bringen sie mir etwas, damit ich wieder nüchtern werde!" - "Wird gemacht, mein Herr, ich bringe ihnen sofort die Rechnung!"

Schulze ist stolz auf die Intelligenz seines Sohnes. Bei jeder Gelegenheit testet er dessen Wissen: "Weißt du auch, warum Dampf aus dem Kessel kommt, wenn das Wasser kocht?" - "Ja, Vati. Damit Mami heimlich deine Briefe aufmachen kann!"

"Ich habe doch noch gar nicht gebohrt und sie jammern schon los", fährt der Zahnarzt die Patientin an. "Mag ja sein, aber sie stehen auf meinem Fuß."

Brand im Hotel. Kommt ein nackter Mann aus der Halle gerannt und sagt zum Feuerwehrmann: „Wenn ´ne nackte Blondine rauskommt, holen Sie mich! Ich habe sie schon bezahlt..."

„Das ist ein Überfall!" brüllt der Maskierte. „Alle Anwesenden legen sich sofort auf den Bauch, auch die Frauen!" Alle tun es, nur Frau Schmidt nicht. Flüstert ihr Chef: „Schließen Sie die Beine und legen Sie sich auf den Bauch wie die anderen. Das hier ist ein Überfall und kein Betriebsausflug!"

„Hat dich deine Frau schon mal beim Onanieren hinter der Küchentür erwischt?" – „Nee, wieso?" – „Ist ein Spitzenversteck, was?"

„Herr Doktor, mein rechtes Auge zwinkert!" – „Das ist nicht schlimm." – „Doch, immer wenn ich in der Apotheke Aspirin verlange, geben sie mir Kondome!"

Rennen eine Binde und ein Tampon um die Wette. Wer gewinnt? Die Binde! Der Tampon stolpert immer über das Schnürchen!

Susi zum Arzt: „Immer wenn mir ein Mann Pralinen anbietet, werde ich schwach. Was soll ich tun?" – Flüstert der Doktor seiner Sprechstundenhilfe zu. „Besorgen Sie schnell eine Schachtel Pralinen – danach haben sie für heute frei!"

Zwei Prostituierte stehen unter der Dusche. „Ey, du hast ja Pickel auf dem Hintern!" – „Quatsch, das sind meine Preise in Blindenschrift!"

Die Oma trampt. Ein Lkw-Fahrer nimmt sie mit. Doch nach ein paar Kilometern stottert der Motor und – aus! Der Brummi-Fahrer: „Tja, jetzt steht er!" Die Oma lacht: „Hab´ ich doch gehofft, dass ich nicht ungeschoren davonkomme!"

„Sag mal, ist dein Freund eigentlich beschnitten?" – „Um Himmels willen, nein, dann wäre ja überhaupt nichts mehr dran!"

Babs lehnt ihr Fahrrad an eine Hauswand ab, da fällt es um. „Mir scheint, dein Fahrrad ist müde", spottet ein vorübergehender Mann. Kontert Babsi: „Auch Sie wären müde, wenn Sie so lange zwischen meinen Beinen gewesen wären!"

Heini zu seiner sehr dicken Freundin: „Am besten nimmst du für den Urlaub noch einen zweiten Slip mit!" – „Warum das denn?" – „Falls es mit der Hotelbuchung nicht klappt, brauchen wir vielleicht ein Zweimannzelt!"

Drei Spermien unterhalten sich: „Aus mir wird mal das schönste Baby", prahlt das erste. „Ich werde das klügste", meint das zweite. Darauf das dritte: „Hört auf zu streiten, das ist im Moment egal. Wir hängen nämlich in der Speiseröhre fest!"

Was ist der kleinste Bauernhof? – Ganz klar: ein Polizeiauto – vorne die Bullen, hinten die Schweine!

Der kurzsichtige Hugo kommt in den Musikladen: „Ich hätte gern die rote Klarinette und die gelbe Ziehharmonika!" Der Verkäufer: „Den Feuerlöscher können Sie haben, aber die Heizung bleibt hier!"

„Warum nennst du deine Freundin Fröschchen?" – „Ganz einfach: zarte Schenkel, breites Maul und immer Angst vorm Storch!"

Zwei Freundinnen sitzen am Fenster. Sagt die eine: „Sieh mal, da kommt dein Freund. Sogar mit einem Blumenstrauß!" – „Mist, da muss ich wieder die Beine breit machen!" – „Wieso, habt ihr keine Vasen?"

Jetzt wird „Viagra" auch als Insektenmittel eingesetzt! Es macht die Fliegen so sex-scharf, dass man immer 2 auf einmal erschlagen kann!

Ein frischverliebtes Pärchen auf der Parkbank. Plötzlich fragt er: „Wie heißt du eigentlich?" – „Wie die Muschi, ohne den 1. Buchstaben!" – „Was? Du heißt Otze?"

Karlchen und Micha werden von der Lehrerin ermahnt, weil sie im Sexualunterricht nie aufpassen. In der Pause beraten sie, wie sie sich rächen können. Karlchen hat ´ne Idee: „Pass auf. Du hältst sie fest, und ich trete ihr in die Eier!"

„Wie war denn dein Schäferstündchen?" – „Von wegen. Der Hammel ist nicht gekommen!"

„Das Muster auf der Butter ist aber besonders schön!" – „Nicht war? Das hat der Koch mit seinem Kamm gemacht!"

„Schrei nur!" sagt er zu ihr. „Das geht bei mir zu einem Ohr rein, zum anderen raus!" – „Da ist ja auch nichts dazwischen, was es aufhalten könnte!"

Mit deiner Potenz scheint es ja nicht mehr weit her zu sein", sagt ein Nachbar. – „Das mag schon stimmen, aber ich finde es wirklich nicht nett von deiner Frau, das jetzt überall herumzuerzählen."

Der Tennislehrer schnauzt seine Schülerin an: „Ihre Bälle machen ja heute was sie wollen!" – „Stimmt, aber mit BH komme ich so schnell ins Schwitzen!"

Lehmann steht grinsend in der Bürotür: „Sag mal, wann immer ich in dein Büro komme, küsst du gerade deine Sekretärin!" Erwidert der Kollege: „Du kommst aber auch alle fünf Minuten!"

Ein Fußballspieler von Bayern München wartet auf die U-Bahn und vertreibt sich die Zeit damit, Dribbelschritte zu üben. „Kommen Sie", sagt eine ältere Dame zu ihm, „ich zeige Ihnen, wo die Toilette ist."

Entrüstet sich die Freundin: „Stell dir vor, da lädt mich Bert doch zu sich ein, eine ganz tolle CD zu hören – und dann knarrt sein Bett so laut, dass man kaum die Musik mitkriegt!"

Zu geizig, um einen Dachdecker zu bestellen, klettert der Schotte selbst auf sein Hausdach. Und fällt prompt runter. Als er am Küchenfenster vorbeisaust, ruft er seiner Frau noch zu: „Mabel! Koch heute nur die Hälfte!"

Der Stationsarzt fragt die Krankenschwester: „Schwester Gerda, wo ist denn um Himmels willen die Patientin von Zimmer 108 geblieben?" – „Ach, die hatte so schrecklich hohes Fieber bekommen, da habe ich sie einfach zu dem Herrn mit Schüttelfrost auf Zimmer 112 gelegt!"

Er sauer: „Du wirst ja wohl nicht die Pralinen essen, während wir bumsen?" – Sie: „Warum denn nicht, ich möchte ja auch mal etwas davon haben!"

Wolfgang hat die eine von den Zwillingsschwestern geheiratet. Will sein Freund wissen: „Sag mal, wie hältst du die beiden denn auseinander?" Wolfgang lächelt: „Ganz einfach, meine Frau ist die, die hinterher immer Migräne hat!"

Fabian empört zu seinem Freund Sven in der Disco: „Deine Freundin hat ja gar keinen Slip unterm Minirock an!" – „Wer hat dir das verraten?" – „Mein Lackschuh eben beim Tanzen!"

Richter: „Sie beleidigen das hohe Gericht, Herr Voß. Wieso erscheinen Sie in Rock und Bluse?" – „In der Vorladung stand doch: ´Verhandlung in Sachen Ihrer Frau!"

„Gestern Abend kam mein Chef zu mir und ist gleich über mich hergefallen!" – „Und hast du dich denn nicht gewehrt?" – „Ging nicht! Mein Nagellack war noch nicht trocken!"

Kommt ein Typ zum Abendkurs, klopft an, geht rein, vor ihm Männer beim Liegestütz. „Bin ich hier richtig bei `Backen ohne Mehl`?" – „Nee, hier ist `Bumsen ohne Frau`!"

Ein Kaninchenpaar wird von mehreren Hunden über Felder und Wiesen gehetzt. Im letzten Augenblick flüchtet es in ein Erdloch. „Und was machen wir nun?" jammert sie. Er: „Ist doch ganz einfach Schätzchen, wir warten bis wir ihnen zahlenmäßig überlegen sind!"

An der Tankstelle. Ein Betrunkener pinkelt an die Zapfsäule. Kommt ein Autofahrer vorbei und fragt: „Ist das hier Normal?" – „Nein, super!"

„Vati, was ist ein Masseur?" „Tja, der wird für etwas bezahlt, wofür ich eins auf die Finger bekommen würde."

Schreit der Lehrer die Schülerin an: „Du hast von Tuten und Blasen keine Ahnung!" Fragt die Schülerin: „Was ist Tuten?"

Der Buchhalter erkundigt sich bei der Sekretärin: „Ist der Chef schon von seinem Morgenritt zurück?" – „Nein", erwidert die junge Dame, „aber es kann nicht mehr lange dauern, sein Pferd ist schon wieder da!"

„Neulich hab´ ich mit meiner Frau toll im Hotel gegessen. Zum Fleisch gab es Pommes frites de Bordell!" – „Was ist denn das?" – „Kartoffelpuffer!"

Männer auf der Toilette. Bei einem kommen 2 Strahlen. Verwunderte Blicke, er erklärt: „´ne alte Kriegsverletzung." Taucht ein weiterer auf und pinkelt in 10 Strahlen. Fragt der Nachbar: „Kriegsverletzung, stimmt´s?" – „Quatsch, ich krieg den Reißverschluss nicht auf!"

Es sagen in der Hochzeitsnacht...... die Ärztin: „Der nächste bitte!", die Telefonistin: „Bitte kurz fassen!" und die Lehrerin: „Wir üben das jetzt bis es klappt!"

Großzügig gibt der Politiker dem leichten Mädchen ´nen Hunderter extra und sagt: „Was heute zwischen uns war, bleibt ein Geheimnis!" – „Klar, ist ja alles hinter meinem Rücken passiert!"

„Sag mal, Bea, liebst du Martin eigentlich sehr?" - „Oh ja, besonders sein Martinshorn!"

Wenn es nachts im Bette kracht, der Bauer einen Erben macht!

Die recht fülle Frau Dötterl kommt in die Konditorei: „Ich möchte gerne Rumkugeln." Meint das Lehrmädchen: „Wenn´s denn unbedingt sein muss, aber wir haben hier wirklich nur sehr wenig Platz!"

Ein Mann, der für seinen Papagei im Bus kein Fahrgeld zahlen will, steckt ihn in die Hosentasche. Plötzlich guckt der Vogel raus. Da sagt eine Nonne, die neben ihm sitzt: „Ich verstehe ja nicht viel davon, aber ich glaube, Ihnen ist gerade ein Ei geplatzt!"

„Bitte Doktor, aber auf Deutsch: Was fehlt mir?" – „Nichts. Sie sind auf gut Deutsch: ein Fresser, ein Säufer und ein Faulpelz." – „Danke! Und auf Lateinisch, für meine Frau?"

Alex; „Gleich nach der Hochzeit fing meine Alte an, mich zu schocken!" Klaus: „Etwa schon in der Hochzeitsnacht?" Alex: „Ja. Während ich noch im siebten Himmel war, da war sie bereits im achten Monat..."

„Mein neuer Hund ist echt super: Jeden Morgen um 9 Uhr bringt er mir die Zeitung – dabei habe ich gar keine abonniert!"

„Wieso nennt ihr im Büro die Frau Thom Grippe?"- „Weil in unserer Firma keinen Einzigen gibt, der noch nicht die Grippe hatte!"

„Hey Sabrina warum sind alle Knöpfe deiner Bluse offen?" - „Ja, ja, die Männer! Alle wollen spielen, aber keiner will hinterher aufräumen!"

Gerbers sind im Urlaub. Nachts werden sie von Stechmücken geplagt. „Wenn du das Licht ausmachst, bleiben sie weg", rät die Frau. Kaum ist es dunkel, schwirren zwei Glühwürmchen in den Raum. Brummt er: „Es hat nichts gebracht, die haben sich Laternen besorgt!"

Till fragt seine Tanzpartnerin: „Hättest du was dagegen, wenn wir miteinander schlafen?" – „Um Himmels willen, das habe ich noch nie!" – „Was, du hast noch nie mit einem Jungen....?" – „Nein, ich habe noch nie etwas dagegen gehabt!"

„Du Vati, ist Tinte eigentlich sehr teuer?" – „Aber nein, mein Junge!" – „Dann verstehe ich nicht, dass Mutti so einen Krach gemacht hat, als mir das Tintenfass auf den neuen Teppich gefallen ist!"

„Pack die Koffer, Gertrud, ich habe ein paar Millionen Euro im Lotto gewonnen!" – „Toll Schatz, wo soll die Reise denn hingehen?" – „Was heißt hier Reise? Du fliegst raus!"

„Zeugin, Sie hatten also intime Beziehungen zum Angeklagten. Wie lange dauerte denn das?" – „Meistens so zwischen 20 und 30 Minuten, Herr Richter!"

Kundin in der Parfümerie: „Gehen mit dieser Creme bestimmt alle Falten weg?" Verkäuferin: „Aber sicher, neulich hat jemand sogar seine Wellblechgarage damit geglättet!"

„Na, Hans-Uwe, willst du nicht auch endlich in den Hafen der Ehe einlaufen?" – „Nein, weißt du, mir genügen schon gelegentliche Hafenrundfahrten..."

Tamara fragt im dunklen Schlafzimmer: „Liebst du mich auch wirklich Marco?" – „Wieso Marco? Ich bin doch der Matthias." – „Ach, ist heute denn nicht Donnerstag?"

„Endlich mal was Erfreuliches in der Zeitung", sagte der Maurer und wickelte sein Schinkenbrot aus!

Das Mädchen im Minirock bückt sich, um ein Taschentuch aufzuheben. „Oh, wie zauberhaft", flüstert ein Mann, „ein Platz an der Sonne!" Flüstert sie zurück: „Mit 50 Euro sind sie dabei!"

Bauern Regel: Jagt der Bauer nur noch Hasen, hat die Magd zu hart geblasen!

Chefarzt zur Krankenschwester: „Gehen Sie auf Zimmer 169 und nehmen Sie das Blut des Patienten ab!" Nach einer halben Stunde kommt sie wieder. „Und, alles in Ordnung?" fragt der Arzt. „Ja, aber mehr als 6 Liter hatte er nicht!"

Unterhalten sich zwei 7-jährige. „Du", meint die eine, „gestern hab´ ich mein erstes Schamhaar entdeckt!" – „Ach", erwidert die Freundin, „stört´s dich beim Bumsen?"

Treffen sich zwei Blondinen. Sagt die eine: „Ich hatte heute Mittag einen Orgasmus – einfach sagenhaft!" – „Och, wir hatten Gulasch mit Nudeln, war auch ganz lecker...."

Eva erwacht aus der Narkose: „Herr Doktor, wann kann ich wieder Sex machen?" Der Arzt errötet: „Da muss ich meinen Chef fragen. Sie sind nämlich die erste, die mich das nach einer Mandeloperation fragt!"

Paula: „Nein, Hans! Ich will erst nach der Heirat mit dir schlafen..." Hans: „Nun, dann ruf mich an, wenn du geheiratet hast!"

Klein Petra fragt: „Mutti, warum hast du keine Haare auf der Brust wie Papa?" – „Kindchen, auf deinem Spielplatz wächst ja auch kein Gras!"

Fritz kommt in eine Apotheke und sieht, dass die Apothekerin einen Tampon hinterm Ohr hat. „Aber Fräulein, Sie haben ja einen Tampon hinterm Ohr!" – „Ach, jetzt weiß ich wieder, wo ich meinen Kugelschreiber hingestreckt habe!"

„Stell dir vor, unsere Katze hat sich bei einer Vogelausstellung den 1. Preis geschnappt!" – „Wie das denn?" – „Na, die Käfigtür stand offen!"

„Jede Nummer ein Gewinn!" brüllt der Losverkäufer. Kommt eine Dirne vorbei und grinst: „Bei mir auch!"

„Heidi, du solltest ein bisschen weniger lügen!" – „Okay, Mutti, seit gestern bin ich ein bisschen weniger Jungfrau!"

Ein Italiener unterhält sich mit einem Deutschen über die Nacht. Das Wort Mond fällt ihm einfach nicht ein. Schließlich sagt er: „Wissen du Namen von Kumpel Sonne, das machen Nachtschicht?"

„Da bin ich, Willi. Ich habe meinen Mann verlassen und alles für dich aufgegeben, was mir lieb war: den Gärtner, den Chauffeur, den Briefträger..."

„Nehmen Sie die Pille?" fragt der Frauenarzt das schüchterne Fräulein Müller. „Nein", lautet die scheue Antwort. „Warum soll ich einen Regenschirm aufspannen, wenn es nie regnet?"

Treffen sich Freunde. „Ich hörte, du hättest vor einem Jahr geheiratet?" – „Ja, das stimmt!" – „Ist deine Frau hübsch?" – „Mir gefällt sie." – „Hat sie Geld mitgebracht?" – „Es geht." – „Und wie ist es denn im Bett?" – „Gott, die einen sagen so, die anderen so..."

„Na?" fragt die hübsche Dompteuse, als sie den schwarzen Panther die Schnauze geküsst hat, „wer von den Zuschauern möchte das nachmachen?" – „Ich", ruft ein Herr, „Aber bitte schicken Sie vorher die

Bestie aus dem Käfig!"

Die kleine Eva kommt heulend zur Mutti gelaufen: „Mami, Mami, die Jungen lassen mich nicht mit in die Badewanne!" „Ja warum denn nicht?" – „Sie spielen U-Boot, und ich habe doch kein Periskop!"

Frau Neumann kommt zum Arzt und sagt: „Unser Sohn sitzt dauernd im Sandkasten und baut Burgen und backt Kuchen. Ist das normal?" – „Aber sicher doch!" – „Sehen Sie, mein Mann und ich sich auch dieser Meinung, aber unsere Schwiegertochter will sich deshalb scheiden lassen!"

„Mein Kind, dein Zeugnis lässt allerhand zu wünschen übrig!" – „Prima, Vati", grinst die kleine Kathrin, „dann wünsche ich mir ein Mountainbike!"

„Jetzt"; sagt der Nervenarzt zur Sprechstundenhilfe, können Sie die Nymphomanin reinholen und sich für den Nachmittag frei nehmen!"

Selbstgespräch eines Lockführers während einer Fahrt mit 100 Sachen: „Das wird heute wieder ein Tag! Morgens beim Rasieren geschnitten, mittags ist mir die Hose geplatzt, und jetzt kommt mir auf dem Gleis ein D-Zug entgegen!"

„Ist es Ihnen so recht?" fragt der Friseur seine Kundin. „Fast", meint diese, „nur hinten hätte ich es doch gerne etwas länger..."

Ein neuer Kunde betritt den Friseur Salon. „Waren Sie schon mal bei uns?" fragt der Friseur. „Nein", erwidert der Kunde, „Mein Ohr habe ich beim Verkehrsunfall verloren!"

Eine aufgeregte Dame am FKK-Strand: „Hat jemand meinen Egon gesehen – so einen kleinen Aufrechten?" – „Klein ja", grübeln die FKK-ler, „Aber aufrecht?"

Der erste Schultag. Fritzchen verspürt ein menschliches Bedürfnis, steht kurzerhand auf, geht zum Papierkorb und verrichtet sein kleines Geschäftchen. Ruft die Lehrerin: „Nanu, das ist aber ein starkes Stück!" Antwortet Fritzchen; „Ach Fräulein, da sollten sie erst mal den von meinem Papa sehen!"

„Was waren denn das für Mädchen, mit denen du gestern aus warst Paul?" „Zwillinge, die Töchter von meinem Schuster, sein einziges Paar, das mir passt!"

Zwei junge Damen beobachten einen äußerst attraktiven jungen Mann. „Sieh nur", haucht die erste, „hat er nicht ein tolles Profil?" Die andere flüstert zurück: „...könnte aber auch bloß sein Schlüsselbund sein...!"

Sagt sie zu ihrer Freundin: „Der Zahnarzt hat mir heute seine Liebe erklärt." – „Hat er eine gute Praxis?" – „Ich denke doch, jedenfalls hat er es sehr hübsch gemacht!"

Kurt prahlt am Stammtisch: „Ich war mindestens Dreißigmahl auf Treibjagd und wurde auch öfters angeschossen." „Macht dir das Blei denn nicht zu schaffen?" – „Kaum, ich kann jetzt nur nicht mehr schwimmen!"

Frau Kruse geht mit ihrem Mann im Park spazieren. „Sieh mal, Erich", sagt sie „da drüben steht das Denkmal, an dem wir uns seinerzeit das erste Mal getroffen haben." – „Ja, ich weiß", brummt der Ehemann. „Und da steht tatsächlich wieder so ein Rindvieh und wartet!"

„Es fragte die Tochter: „Papi, warum hast du eigentlich Mami geheiratet?" – „Hörst du, Olga, nicht mal das Kind versteht das!"

Ein Mann kommt zum Juwelier. „Gravieren Sie mir bitte den Verlobungsring: `Von Heinrich für Mathilde´!" – „Davon würde ich abraten", entgegnet der Juwelier, „lassen Sie es bei ,von Heinrich`, dann können Sie ihn öfters verwenden!"

„Bitte was bedeutet das Schild hier?" fragte die junge Hausfrau den Gemüseverkäufer. „Warum haben sie die Gurken mit ,Import` ausgezeichnet?" – „Das bedeutet, die werden eingeführt." – „Na so was", meint sie versonnen, „und ich hätte sie glatt gegessen."

Lehrer zur Klasse: „Was versteht man unter ,Ausnutzung der Wasserkraft`?" Die kleine Ulrike: „Wenn meine Mutti so lange weint, bis Vati ihr das neue Kleid gekauft hat."

„Minna, wenn Sie heute Abend den Kalbskopf servieren, vergessen Sie bitte nicht, eine Zitrone ins Maul und Petersilie in die Ohren zu stecken!" – „Mein Gott, gnädige Frau, wie werde ich denn da aussehen?"

Zwei Männer unterhalten sich. Sagt der eine: „Ich muss jetzt nach Hause.

Unser Hausmädchen ist verreist und meine Frau allein." – „Ich wollte auch gerade gehen, bei mir zu Hause ist es umgekehrt."

„Ich weiß nicht, was Sie haben", wundert sich der Scheidungsanwalt. „Ihr Mann ist doch für sein Alter noch sehr rüstig!" – „Für sein Alter schon", meint die junge Frau, „aber nicht für meines!"

In der Eisenbahn. Meier zieht eine Zigarre aus der Tasche und fragt eine Mitreisende Dame: „Gestatten Sie, dass ich rauche?" – „Fühlen Sie sich ganz wie zu Hause!" – „Na", sagt Meier enttäuscht, „dann eben nicht!"

Der Schneider fragt bei der letzten Anprobe die sexy junge Dame: „Soll ich nicht doch die Hose etwas enger machen, was meinen Sie?" – „Bloß nicht. Schließlich muss noch mindestens eine Männerhand reinpassen!"

Wie kommt eine Blondine zu Marmelade? – Sie schält einen Berliner!

Der Chirurg lacht den Metzgermeister auf dem OP-Tisch an: „So, so, Sie wollen sich also den Blinddarm entfernen lassen? Darf es vielleicht noch etwas mehr sein, mein Herr?"

„Wie weit bist du eigentlich mit deinem neuen Freund?" erkundigt sich die Kollegin am Montag im Büro bei Mona. „Oh, der macht Fortschritte. Zuerst hatte er unsere Katze auf dem Schoß, gestern durfte mein kleiner Bruder `Hoppe, hoppe Reiter´ bei ihm spielen – da werde ich ja wohl das nächste Mal dran sein..."

Kommt die ältere Hausfrau nach Hause und erzählt stolz: „Stell dir mal vor, der Metzger hat mich mit Fräulein angeredet!" – „Kann ich verstehen, wie soll er denn auf die Idee kommen, dass dich einer geheiratet hat."

Der Religionslehrer schildert den Weltuntergang: „Eine Flutwelle wird kommen, um alles zu begraben. Die Berge speien Feuer, Wirbelstürme toben und kopfgroße Hagelkörner werden alles zerschlagen." Hebt Fritzchen seinen Finger: „Herr Lehrer, haben wir bei dem Mistwetter schulfrei?"

„Herr Doktor, darf ich jetzt wieder Wein und Schnaps trinken?" – „Ich bitte Sie! Das habe ich Ihnen doch vor vier Wochen streng verboten." – „Ja, ja, aber ich dachte, vielleicht hat die Wissenschaft in der Zwischenzeit gewaltige Fortschritte gemacht."

Zwei alte Freundinnen treffen sich zufällig: „Bist du es wirklich, Olga? Älter bist du geworden. Ich hätte dich kaum erkannt." – „Ja, Eva, ich hab´ dich auch nur an deinem Kleid erkannt."

Was heißt „Alice im Wunderland" auf Russisch? Olga im Aldi!

Klein Kai geht mit seinem Vater spazieren. Plötzlich liegt vor ihnen ein Kondom. Fragt Klein Kai: „Du, Papa, was ist das für ein Dingsbums?" Der Vater antwortet: „Das ist kein Dingsbums. sondern ein Bumsdings!"

Er haucht in der Liebesnacht: „Bin ich der erste? Erwidert sie: „Heute ja!"

Mama geht mit ihrem Fünfjährigen in die Sauna. Als sie nach Hause kommen, fragt der Vater den Sohn: „Na, hatten denn die anderen Frauen mehr Busen als Mama?" – „Nö...auch nur zwei!"

Eine Nachbarin zur anderen: „Meine Tochter muss jeden Abend um zehn Uhr ins Bett." – „Und, hält sie das ein?" – „Ja, die Zeit schon, nur die Adresse nicht!"

„Morgens, mittags, abends und nachts will mein Mann immer das gleiche!" – „Schrecklich, das ist wirklich ein bisschen viel." – „Und er sagt, man könne nichts dagegen tun. Er isst nun mal gern Spiegeleier!"

Sagt der Gefängnispfarrer bei der Entlassung seines langjährigen Schützlings: „Ich würde Ihnen ja gern draußen helfen!" – „Sie stellen sich das zu einfach vor, Hochwürden, Taschendiebstahl will gelernt sein!"

Der Startschuss ertönt. Alle Motorräder donnern los, bis auf eins. Fragt der Starter: „Weshalb fahren Sie denn nicht los?" – „Geht nicht, Sie haben mir in den Reifen geschossen!"

Der Fahrprüfer: „Für den Führerschein sind Sie ungeeignet. Probieren Sie's mal im Lotto?" – „Wieso?" – „Nun, von den 49 Testfragen haben Sie 6 richtig beantwortet!"

Es klingelt an der Tür, Joe öffnet. Es ist seine Ex: „Ich habe heute einen Schwangerschaftstest machen lassen." Und nach einer kurzen Pause: „Willst du uns nicht reinlassen!"

Warum lächeln die Frauen auf Briefmarken immer so glücklich? – Ganz einfach: Weil sie hinten geleckt und vorn gestempelt werden!

Die Lehrerin sieht an der Tafel einen nackten Jungen mit Riesen-Penis gezeichnet. Darunter steht: „Das bin ich!" Mit rotem Kopf sagt sie: „Wer das gemalt hat, soll nachher zu mir kommen!" Flüstert Heiner: „Siehste, Werbung zahlt sich aus!"

Mona sagt zu ihren 3 Freundinnen: „Ich habe meinem Verlobten alle Seitensprünge gestanden." – „Nein was für eine Ehrlichkeit", ruft die eine. „Was für ein Mut"; ruft die zweite: „Was für ein Gedächtnis", ruft die dritte.

Susi erzählt ihrer Tante: „Mein neuer Freund hat so ein Riesending!" – „Aber Kind, das behält man doch für sich!" – „Wollte ich ja, aber er hat es wieder mitgenommen!"

„Her Doktor, mein Kitzler tut so weh!" Der Arzt sieht sich das genau an und meint: „Kein Wunder, Ihr Kitzler sieht ja auch aus wie eine Schiedsrichterpfeife!" – „So schwarz?" – „Nein, so zerbissen!"

Andy und sein Kumpel Peter unterhalten sich in der Kneipe. Fragt Andy: „Warum hat eine Frau 4 Lippen?" – „Keine Ahnung!" – „Na, ist doch klar: 2, um dummes Zeug zu reden und 2, um es wieder gut zu machen!"

„Was bedeutet das Sternzeichen auf deinem Pulli?" fragt Kurt die blonde Rita. „Das bedeutet `Jungfrau`. Aber der Pulli ist schon uralt!"

Ziemlich verspätet trifft Rita zum Rendezvous ein, reckt die Brust und sagt: „Wie findest du meinen neuen Pullover? Er ist so federleicht, dass man ihn nicht spürt." Darauf er: „Trotzdem hättest du ihm anziehen sollen."

„Herr Direktor, entschuldigen Sie bitte, dass ich gestern nicht zum Dienst gekommen bin, aber ich hatte Hexenschuss." – „Ich weiß, ich weiß, mein Bester, ich habe Sie mit der Hexe in der Kakadu Bar gesehen."

Zwei arme Studenten haben geheiratet. „Wir werden eben von der Liebe leben"; sagt Manfred zu seiner Jutta. Nach einer Woche kommt er von der Vorlesung nach Hause, da sitzt Jutta splitternackt auf der Heizung. „Ja, was machst du denn da?" – „Ich wärme gerade dein Mittagessen auf!"

„Wenn du artig bist, darfst du eine Handvoll Bonbons aus der Tüte nehmen", sagt Onkel Olaf. „Ach Onkel, nimm du sie mir doch lieber raus!" antwortet Florian. „Du bist wohl schüchtern?" – „Nein, aber deine Hand ist viel größer!"

Elli und Heinz sitzen vor dem Fernseher, ein dramatischer Film läuft. Meint sie: „Ob sich die beiden am Ende wohl noch kriegen?" Er: „Ganz bestimmt, solche Filme hören nie gut auf!"

In einem Stadtteil Hamburgs war seit Tagen der Strom ausgefallen. Schließlich rief Frau Hansen empört bei den Elektrizitätswerken an und wetterte: „Jetzt habe ich schon alle Kerzen aufgebraucht. Nun schicken Sie mir endlich einen Mann!"

„Mein Gott, Rudi, du kannst es aber schnell, du bringst mich ja ganz außer Atem!" – „Klar! Meine vorige Braut wohnte nämlich in einer Straße mit Parkverbot!"

Es klingelt an der Haustür: Der kleine Michael flitzt hin, öffnet und ruft dann: „Mami, der Kohlenhändler ist da! Soll ich dein Portemonnaie holen, oder soll ich wieder eine halbe Stunde zum Spielplatz?"

Hein fährt seit Monaten zur See. Heringsfang an der Doggerbank – monatelang keine Frau, nur Wasser, Sturm und Heringe. Über Radio Norddeich telefoniert er mit seiner Anna und sagt: „Mann, Anna, ich bin wild wie ein spanischer Kampfstier. Wenn ich heimkomme, dann stehst du am besten mit einer Matratze auf dem Rücken am Hafen." – „Okay", flüstert Anna, „aber mach ja, dass du als erster von Bord kommst!"

Thea klagt über Kopfschmerzen. Sagt ihre Freundin: „Mache es wie ich, wenn ich Kopfweh habe, lasse ich mich so lange von einen Mann bumsen, bis die Schmerzen weg sind." – „Tolle Idee, hat dein Mann gleich mal Zeit?"

„Warum hat denn dein schottischer Freund Schluss gemacht?" – „Er hat eine kennen gelernt, die an Weihnachten Geburtstag hat!"

„Wetten das ich jedes Getränk mit verbundenen Augen erkennen kann!" prahlt der Gast am Tresen. Der Test beginnt. Bei der dritten Probe schreit er: „Pfui Teufel! Das ist ja Benzin!" – „Richtig", jubeln die Kameraden, „aber welche Marke?"

„Herr Professor, werde ich jemals mit meiner Stimme etwas Richtiges anfangen können?" Gesangslehrer: „O doch, sie könnte sehr von Nutzen sein, wenn einmal ein Feuer ausbricht!"

Ein Ostfriesischer Haushaltstipp sagt: „Obstkuchen bleibt länger frisch, wenn man ihn erst einige Tage später bäckt!"

Aus der Rede eines Feuerwehrkommandanten bei der Indienststellung eines neuen Löschfahrzeuges: „Und möge es damit sein, wie mit alten Jungfern: Allzeit bereit, aber ohne zwingenden Grund nie benutzt!"

Führt wieder die 40-Stunden Woche ein! 35 Stunden Schlaf sind einfach zu wenig, sprach der Beamte.

An welchem Wochentag arbeitet der Beamte am meisten? Am Montag. Denn da muss er drei Kalenderblätter abreißen.

Ein Jungschriftsteller schickt seinen ersten Roman an den Verlag. Nach drei Wochen bekommt er Antwort: „Leider können wir das Papier nicht kaufen, da es schon beschrieben ist!"

Die Lehrerin zu Fritzchen: „Erzähl mir mal eine schöne Geschichte!" – „Ausgeblieben!" – „Das ist doch keine schöne Geschichte!" – „Doch, neulich hat meine Schwester zu ihrem Freund gesagt – Ausgeblieben -: Da hat er gesagt, das ist aber eine schöne Geschichte!"

Es fragt klein Moni: „Warum steht Oma denn seit einem Jahr am Fenster und bewegt sich nicht?" – „Pst, das ist wegen der Rente!"

Eine Henne wird überfahren. Sie schüttelt sich zurecht und sagt: „Donnerwetter mal ein richtiger Hahn!"

Klagt die junge Frau am anderen Morgen: „Mein Gott, und der Brillantring ist auch zu klein!"

„Was soll ich nur machen?" klagt der 90-jährige, „es geht einfach nicht mehr so oft!" – „Na ja", sagt der Arzt, „Sie sind auch nicht mehr der Jüngste!". „Aber mein Bruder ist 95 und kann noch jede Nacht mit einer Frau!" – „Na, dann behaupten Sie eben dasselbe!"

Die Tochter kommt aufgeregt nach Hause. „Mutti, ich will heiraten." – „Ja, hast du denn schon einen gefunden." – „Einen, gleich drei, aber der Erste geht recht gern zum Frühschoppen." – „Oh, das wird im Alter schlimmer. Und was ist mit dem Zweiten?" – „Der raucht eine nach der andern Zigarette." Oh je, das wird im Alter schlimmer. Der letzte, was ist mit dem?" – „Der will immer mit mir in den Wald gehen." – „Gut den kannst du nehmen. Das lässt im Alter nach."

„Sagen Sie, Herr Ober, wer ist der Herr dort in der Ecke mit dem weißen Bart?" – „Das ist Frau Schneider, sie isst gerade Spaghetti!"

„Heute Nacht bin ich durch ein Geräusch aus dem Schlaf geschreckt", erzählt Frau Klausen ihrer Nachbarin. „Ich guckte unters Ehebett, und was sehe ich da. Ein Männerbein!" – „Himmel Sie ärmste! Wie aufregend! Ein Einbrecher!" – „Nein, mein Mann. Der hatte das Geräusch auch gehört!"

„Die Frau Klarsen, wie alt ist die eigentlich?" – „So genau weiß ich das nicht. Aber nach dem, was sie erzählt, muss sie jünger sein als ihre Tochter!"

Zwei gute Freunde schwanken zu später Stunde vom Stammtisch heim. „Meine Frau wird vor Wut kochen, wenn ich jetzt erst heim komme", sagte der eine. „Hast du es gut", erwidert der andere. „Ich bekomme zu dieser Zeit nichts warmes mehr zu essen!"

Zwei Kinder von Filmstars in Hollywood: „Ich habe seit gestern einen neuen Daddy." – „Wie heißt er denn?" – „Johny Cash!" – „Der ist OK, den hatte ich voriges Jahr."

Er „Schatz, wann heiratest du mich endlich? Solche Männer wie ich wachsen nicht auf Bäumen." - Sie „Das stimmt! Solche wie du schwingen sich von Ast zu Ast."

Vor dem Bundeshaus in Bonn: „Papi, warum sind denn rund um das Gebäude so breite Rasenstreifen?" – „Damit es nicht klappert wenn die Politiker das Geld aus dem Fenster werfen!"

Zwei Uhr nachts. Feueralarm. Feuerwehrmann Bumske springt aus dem Bett und brüllt seine Frau an: „Wo ist mein Helm?" – Sie: „Unterm Bett. Aber passe auf, das du nichts verschüttest!"

Kommt ein Mann in die Apotheke: „Haben sie ein gutes Mittel gegen Schluckauf?" Ohne ein Wort zu sagen, nimmt der Apotheker einen triefend nassen Lappen und haut ihn den Kunden rechts und links um die Ohren. Dann fragt er freundlich: „Na, nun ist er wohl weg? Ein Schock ist immer das Beste!" Meint der Kunde: „Mag sein. Aber den Schluckauf hat meine Frau und die sitzt draußen im Auto!"

„Kurtchen, welche drei Wörter hört man in der Schule am häufigsten?" – „Weiß ich nicht!" – Richtig.

Richter: „Sie bestreiten also nicht, Ihrem Mann während der Fußballübertragung erschossen zu haben?" Angeklagte „Nein!" Richter: „Was waren seine letzten Worte?" Angeklagte: „Schieß doch! Schieß doch endlich du Pfeife!"

Ein Arzt in Sing-Sing macht Visite. Fragt durch die Klappe in der ersten Zelle: „Stuhl?" – „Gestern etwas dünn Herr Doktor!" Beim zweiten: „Suhl?" – „Morgen – elektrisch!"

„Wie bekommst du deinen Mann eigentlich Morgens aus dem Bett?" will Frau Klausnitz von ihrer Freundin wissen. „Nichts einfacher als das. Ich lege ihm eine Hundekuchen unters Kopfkissen!" – „Und davon wacht er auf?" „Nein, dann lasse ich den Bernhardiner ins Schlafzimmer!"

Warum fahren die erfolglosen Fußballspieler immer mit 150 Sachen durch die Ortschaft? Damit sie wenigstens in Flensburg einige Punkte bekommen.

Bei einer Party geht ein junger Herr auf ein Mauerblümchen zu und fragt: „Mein Fräulein, tanzen Sie denn gar nicht?" – „Nein" erwidert das Fräulein traurig, „bis jetzt hat mich noch niemand aufgefordert!" – „Das ist ja großartig", freut sich der junge Mann, „dann passen Sie doch bitte auf mein Bier auf, ich möchte nämlich mit der hübschen Blondine dort drüben tanzen!"

Am Morgen nach der Hochzeitsnacht sitzt die junge Frau schon sehr früh am Tisch und fragt ihren Gatten: „Wie schreibt man eigentlich Fiasko?" – „Warum willst du das wissen?" fragt etwas verwirrt der Ehemann und blickt über den ungedeckten Tisch. „Weil ich gerade einen Brief an meine Mutter schreibe!"

Zwei Autos stoßen auf dem Parkplatz zusammen. Aus dem größeren Wagen steigt ein Älterer Mann mit Glatze aus und schimpft: „Sie Idiot, sind Sie denn blind?" Der andere: Wieso blind? Ich habe doch gut getroffen!"

Der Richter zum Angeklagten: „Warum haben Sie denn das Rad gestohlen?" Der Angeklagte: „Herr Richter, ich habe das Fahrrad nicht gestohlen. Als ich das Rad an der Friedhofsmauer sah, dachte ich, der Besitzer sei verstorben!"

Ängstlich fragt der Patient den Doktor: „Ist es eine so seltene Krankheit, an der ich leide?" Der Arzt: „Ach wo, die Friedhöfe liegen voll davon!"

Der Händler auf dem Markt zum Kunden: „Die Leute werden auch immer kritischer. Sie schauen sich ein Huhn dreimal an, drehen es um, betatschen und befühlen es und mögen es dann doch nicht!" Der Kunde: „Wem sagen Sie das. Ich habe drei Töchter im heiratsfähigen Alter!"

Ein Zebra ist aus dem Zoo ausgebrochen und es schaut sich überall um. Es begegnet einer Kuh und fragt: „Wozu bist du denn gut?" Die Kuh: „Ich gebe dem Menschen Milch!" Dann kommt es zu einer Stute und fragt: „Wozu bist du denn gut?" Die Stute: „Ich schenke dem Menschen Fohlen und lassen ihn auf mir reiten!" In der Ecke eines Stalles steht ein Hengst und als das Zebra wieder fragt: „Wozu bist du denn gut?", antwortete der Hengst: „Ziehe dir erst einmal diesen albernen Schlafanzug aus, dann zeige ich dir, wozu ich gut bin!"

Der Gänserich zu seiner Frau, als die Hälse seiner Kinder immer länger wurden: „Mir schwant da so was..."

Der Kunde zum Makler: „Also gut, ich kaufe das Haus!" Der Makler: „Wollen Sie die 400 000.- Euro in bar oder in Raten zahlen?" Der Kunde: „Ich dachte an eine Monatsrate von 100.- Euro." Der Makler fasst sich an den Kopf: „Sind Sie denn wahnsinnig. Da zahlen Sie ja über dreihundert Jahre lang ab!" Der Kunde: „Das ist mir das Anwesen wert!"

Lehmann kommt von der Arbeit nach Hause und sieht die Frau seines Freundes auf dem Balkon. Ruft er nach oben: „Ist Richard daheim?" Die Frau antwortet: „Nein, er ist noch nicht da!" Lehmann: „Dann komme ich noch ein bisschen zu dir hinauf!" Sie gekränkt: „Aber ich bin doch keine Nutte!" Lehmann: „Aber wer redet denn von bezahlen!"

Der Doktor hat dem Patienten versehentlich ein Abführmittel statt des Hustensaftes verschrieben. Nach zwei Tagen fragt der Doktor: „Wie geht es? Husten Sie noch?" Der Patient ängstlich: „Ich traue mich gar nicht mehr!"

Der Playboy wird gefragt, warum er nicht heiratet. Der Playboy: „Warum? Mir geht es doch gut. Ich habe Schwestern, die mich versorgen!" – „Aber, Schwestern können doch eine Ehefrau nicht ersetzen!" Der Playboy: „Wer sagt denn, dass es meine Schwestern sind?"

Der große Luxusdampfer sinkt und der Kapitän gibt Anweisungen an die Mannschaft: „Bevor ihr in die Rettungsboote steigt, nehmt zuerst die Frauen!" Wundert sich ein Matrose: „Haben wir dafür noch Zeit?"

„Heute frage ich dich zum letzten Mal: „Willst du mir die hundert Euro zurückgeben?" – „Endlich fragst du zum letzten Mal. Ich war die ewige Fragerei langsam satt!"

Der Richter zur Zeugin: „Wie alt sind Sie?" Verwegenes Schweigen. Wieder fragt der Richter und erhält keine Antwort. Jetzt platzt ihm der Kragen: „Zeugin, wenn ich nicht sofort eine Antwort erhalte, lasse ich Sie vom Publikum schätzen!"

Die Mutter: „Soll ich den Jungen in den Schlaf singen?" Der Vater: „Versuch es doch erst einmal im Guten!"

„Mutti", fragt die kleine Eva, „können Engel fliegen?" Die Mutter: „Ja, mein Kind!" – „Aber Rita kann doch nicht fliegen?" Die Mutter: „Aber nein. Rita ist doch unser Hausmädchen!" – „Aber Vati sagte zu ihr, sie sei sein kleiner süßer Engel!" Die Mutter: „Dann fliegt sie!"

„Mutti, hier in der Zeitung steht, dass das Theater Statisten sucht. Was sind denn Statisten?" Die Mutter: „Das sind Menschen, die nur herumstehen und nicht viel zu sagen haben!" Der Kleine: „Das wäre doch noch was für Vati!"

Der Richter zum Angeklagten: „Sie sind nicht geeignet, ein Fahrzeug zu führen. Sie haben innerhalb von 14 Tagen drei Fußgänger überfahren!" Fragt der Angeklagte: „Wie viele darf man denn?"

Gespräch unter Freundinnen: „Ich bin immer so schrecklich nervös und kann schlecht einschlafen." Die Freundin: „Versuche es doch mal mit Baldrian!" – „In Ordnung. Wo wohnt der denn?"

Flüstert der Patient ängstlich: „Ich habe solche Angst vor der Operation, Herr Doktor. Es ist die erste Operation meines Lebens!" Tröstet ihn der Arzt: „Meine auch!"

Vor der Theaterkasse: „Ich hätte gerne zwei Karten für die heutige Vorstellung!" Fragt die Dame an der Kasse: „Für Tristan und Isolde?" – „Nein, für meine Frau und mich!"

„Hallo, wer ist da?" – „Schuhhaus Lehmann!" – „Es tut mir leid, ich habe die falsche Nummer gewählt!" – „Macht nichts, wir tauschen um!"

Fragt ein Arbeitskollege den anderen: „Warum bist du denn so gut aufgelegt?" Der Kollege: „Heute habe ich endlich den blauen Papagei für meine Frau bekommen!" Der andere: „Das nenne ich aber einen sehr guten Tausch!"

Ruft die Mutter besorgt dem kleinen Sohn auf dem Wasser zu: „Schwimme nicht so weit raus!" Der Sohn ruft zurück: „Keine Sorge, Mutti, ich schwimme doch auf dem alten Autoreifen!" Da herrscht sie ihren Mann an: „Hole sofort unser Kind zurück. Mit einem undichten Gummi hat sein Leben begonnen, es soll nicht auch noch damit enden!"

In einem Cafe spielt ein Stehgeiger Stücke von Chopin. Einem Gast laufen die ersten Tränen über das Gesicht. Gerührt geht der Geiger zu ihm hin und fragt: „Sind Sie vielleicht Pole?" Der Herr schüttelt den Kopf: „Nein, ich bin Geiger!"

Warum sind Junggesellen mager und Ehemänner dick? Der Junggeselle schaut in den Kühlschrank, findet nichts Besonderes und geht ins Bett, Der Ehemann schaut ins Bett, findet nichts Besonderes und geht an den Kühlschrank!

Die Kinder unter sich. Das eine: „Mein Bruder fürchtet sich im Keller." Ein anderes Kind: „Meine Mutter fürchtet sich vor Mäusen. Wenn sie eine sieht, steigt sie sofort auf einen Stuhl." Meint das dritte Kind: „Mein Vater fürchtet sich im Schlafzimmer. Mutti ist schon drei Wochen in Kur und vor lauter Angst nimmt Vati die Nachbarin mit in sein Bett!"

Der Wirt zum Kellner: „Hat das Paar schon gewählt?" Der Kellner: „Nein, Sie muss die Kalorien und er das Geld zusammenzählen!"

Lehmann hat Besuch. Fragt der Besucher: „Wie spät ist es?" Lehmann: „Leider habe ich keine Uhr, aber das haben wir gleich!" Er greift zur Trompete und bläst kräftig hinein. Trommelt der Nachbar gegen die Wand: „Sind sie verrückt, um halb drei nachts Trompete zu spielen?"

Während des Manövers bleibt der Lastwagen der Bundeswehr stecken. Ein Jeep mit sechs Offizieren hält und sie bemühen sich, den Lastwagen aus dem Schlamm zu ziehen. Endlich haben sie es geschafft und einer meint zum Fahrer: „Das war ein hartes Stück Arbeit. Was haben Sie denn geladen?" Der Fahrer: „Zwanzig Rekruten, Herr Hauptmann!"

Der Lastwagenfahrer zum Beifahrer: „Verdammt, unter der Brücke können wir nicht durch. Die Durchfahrt ist nur 3,50 Meter, unser Lastwagen hat aber 3,80 Meter!" Der Beifahrer: „Das macht doch nichts, oder siehst du irgendwo einen Polizisten?"

Der kleine Sohn kommt aus dem Badezimmer und fragt seinen Vater: „Weißt du, wie viel Zahnpasta in einer Tube ist?" Der Vater: „Nein, mein Junge, ich habe keine Ahnung!" Der Sohn stolz: „Über drei Meter!"

Der junge Richter fragt einen erfahrenen Kollegen: „Ich habe einen Schwarzbrenner zu verurteilen, der zwanzig Liter Kirschwasser gebrannt hat. Was meinen Sie, wie viel soll ich ihm geben!" Der Kollege: „Auf keinen Fall mehr als fünf Euro pro Liter!"

Die penible Hausfrau: „Ist das Rinderherz auch frisch?" Der Metzger: „Wenn Sie sich beeilen, können Sie noch ein EKG davon machen!"

Ein Herr betritt ein Tabakwarengeschäft und möchte ein Paar Socken. Der Verkäufer: „Tut mir leid, wir verkaufen nur Artikel für Raucher." Der Herr entrüstet: „Aber ich bin doch Raucher!"

Anschlag in einer Maschinenfabrik: Verehrte Damen, wenn ihr Pullover zu weit ist, nehmen sie sich vor den Maschinen in Acht, wenn er zu eng ist, nehmen sie sich vor den Maschinisten in Acht!

Die Bergsteiger haben den Gipfel des Berges erklommen und genießen die schöne Aussicht. Meint der eine: „So ein schönes Panorama und ich

Trottel habe das Glas vergessen!" Der andere gelassen: „Trinken wir eben aus der Flasche!"

„Ich bin seit zwanzig Jahren verheiratet und liebe immer noch die gleiche Frau!" – „Das ist doch prima!" – „Meinst Du? Wenn meine Frau es erfährt, bringt sie mich um."

Geflüster im Paradies: „Liebst du mich, Adam?" Brummt Adam: „Wen denn sonst?"

Er sitzt mit ihr auf einer Parkbank und versucht sie zu küssen. Sie wehrt sich ein wenig und meint: „Wer hat dir denn gesagt, dass ich mich so leicht küssen lasse?" Er: „Der Kegelverein!"

Der Boxer geht im Ring zu Boden und der Ringrichter zählt ihn aus. Schnell springt der Betreuer zu dem Boxer hin und flüstert: „Stehe nicht vor acht auf!" Der Boxer: „Okay, wie spät ist es denn jetzt?"

Eine Freundin zur anderen: „Stelle dir doch nur vor, mein Hauswirt verlangt, dass ich bis zum Monatsende ausgezogen bin!" Die Freundin: „Das ist doch noch nichts. Mein Hauswirt verlangt das jede Woche!"

Die Gastarbeiterin holt auf der Bank ab und unterzeichnet immer mit drei Kreuzen. Nach einem Jahr unterzeichnet sie mit vier Kreuzen. Verdutzt fragt der Kassier: „Warum jetzt vier Kreuze?" Die Gastarbeiterin: „Ich jetzt verheiratet!"

Streit bei dem Ehepaar. Er schreit außer sich: „Ich verlasse dich, ich gehe in den Urwald oder in die Sahara!" Wütend geht er weg, kommt aber nach zehn Minuten zurück. Wundert sie sich: „Wieso bist du wieder da?" Er. „Draußen regnet es!"

Der Angeklagte steht vor Gericht. Der Richter fragt: „Sind Sie verheiratet?" Der Angeklagte: „Ja!" Der Richter: „Mit wem?" – „Mit einer Frau!" Der Richter: „Das versteht sich doch wohl von selbst!" Der Angeklagte: „Nicht unbedingt. Meine Schwester zum Beispiel ist mit einem Mann verheiratet!"

Das Ehepaar unterhält sich. Sie unterbricht ihn flüsternd: „Sei doch still, damit ich höre, was unsere Nachbarn sprechen!" Er neugierig: „Und? Was sagen sie?" Die Frau: „Sei doch mal still, damit ich höre, was unsere Nachbarn sprechen!"

In der Schule fragt die kleine Angelika die Lehrerin; „Ist der liebe Gott krank, Fräulein?" Die Lehrerin; „Wie kommst du zu dieser seltsamen Frage?" Angelika: „In der Zeitung steht, der liebe Gott hat den Doktor Lehmann zu sich gerufen!"

Der Lehrer zum Schüler: „Wie viele Kontinente gibt es und wie heißen sie?" Antwortet ein Schüler: „Fünf, und ich heiße Kurt!"

Ein Eskimo hat geheiratet. Nach der Hochzeitsnacht spannt er die Hunde vor seinen Schlitten, küsst seine Frau liebevoll und sagt: „Ich hole jetzt die Hebamme. In neun Monaten bin ich wieder zurück!"

Bei der Wahl kommt der alte Herr vor die Wahlkabine, bekreuzigt sich und geht weiter. Ein Wahlhelfer: „Was soll das denn bedeuten?" Der alte Herr: „Unser Pfarrer sagte, wir sollen zur Wahlkabine gehen und ein Kreuz machen!"

Der Bauer vor dem Grab jammert vor sich hin: „Du bist zu früh gestorben!" Eine Frau, die nebenan das Grab pflegt, meint mitleidig: „Trauern Sie um ihre Frau? Sicher haben Sie recht gerne gehabt?" Der Mann: „Nein, meine Frau lebt noch, hier liegt ihr erster Mann!"

Der Urlauber in Bayern regt sich über die lahme Bedienung auf und als der Ober vorbeikommt, fragt er wütend: „Haben Sie Hämorrhoiden?" Der Ober: „Da muss ich erst mal in der Küche Nachfragen!"

Ein Bayer steht an dem Geländer der Isar und schaut in den Fluss. Ein Engländer neben ihm lehnt sich zu weit über das Geländer hinaus und stürzt in den Fluss. Verzweifelt rudert er mit den Armen und ruft: „Help my, help my!" Schüttelt der Bayer den Kopf und ruft nach unten: „Hättest besser schwimmen gelernt statt englisch, du alter Depp!"

Der Ehemann tobt wie ein Wilder, als er erfährt, dass seine Frau Mutter eines pechschwarzen Kindes geworden ist. Schluchzend gesteht die Frau, dass sie von einem Neger verfolgt wurde, als sie in anderen Umständen war. Bestimmt sei es durch den Schreck schwarz geworden! Der Arzt, der zugehört hat, fragt zweifelnd: „Sind Sie denn auch sicher, dass der Neger sie nicht eingeholt hat!"

„Hast du gehört, die Friedenstaube ist in den Westen geflogen!" Der andere: „Warum denn?" – „Weil sie im Osten nichts zu fressen bekam!"

Nach der Pause im Kino fragt Lehmann die Dame in der zweiten Reihe: „Entschuldigen Sie, hab ich Sie vor der Pause auf den Fuß getreten?" Die Dame: „Allerdings!" Dreht sich Lehmann um: „Hier sind wir richtig, Hedwig. Ich habe endlich unsere Reihe wieder gefunden!"

Der Priester wohnt in der Nachbarschaft eines Callgirls. Als wieder ein älterer Herr irrtümlich bei ihm klingelt, und sich nach dem Callgirl erkundigt, murmelt der Priester: „Hier gibt es nur Vergebung, die Sünde wohnt ein Haus weiter!"

Der Richter zum Angeklagten: „Haben Sie nicht an ihren alten Vater gedacht, als Sie die Bank überfielen?" Der Angeklagte: „Doch, aber ich wollte endlich selbst einmal ein Ding drehen!"

Die junge Frau klagt beim Frauenarzt ihr Leid: „Wir sind schon zwei Jahre verheiratet und haben immer noch kein Kind. Können Sie uns nicht dabei helfen?" Der Arzt: „Machen Sie sich keine Sorgen, das werden wir gleich haben. Ziehen Sie sich schon mal aus!" Dann verlässt der Arzt das Zimmer. Nach zehn Minuten kommt er wieder und wundert sich: „Sie sind ja immer noch nicht ausgezogen?" Die Frau ganz schamhaft: „Nehmen Sie es mir bitte nicht übel, aber das Kind soll von meinem Mann sein!"

Der Arzt drückt der Frau des Todkranken die Hand und meint: „Endlich geschafft. Ihr Mann ist über den Berg. Gestern dachte ich noch, er erlebt den Tag nicht!" Die Frau erschrocken: „Machen Sie keine Scherze, Herr Doktor. Ich habe gestern schon seine ganzen Anzüge verkauft!"

Der Lehrer in der Schule: „Nennt mir einige Sorten Getreide!" Meldet sich Peter: „Es gibt Weizen, Gerste, Hafer, Skat..." Unterbricht ihn der Lehrer: „Skat ist doch kein Getreide!" Peter: „Nicht? Vater sagt doch immer, als er jung war, hat er noch Skat gedroschen!"

Der Onkel gibt seinem kleinen Neffen ein Fünfeurostück. Der Neffe nimmt es stumm entgegen und steckt wes weg. Der Onkel regt sich auf: „Was sagt denn deine Mutter immer, wenn sie Geld bekommt?" Der Neffe: „Die sagt: ist das alles?"

Gestern haben wir unseren neuen Mixer ausprobiert. Zuerst haben wir die

Tomaten eingefüllt und dann haben wir ihn angestellt!" – „Und weiter?" – „Heute tapezieren wir die Küche!"

Klaus hat sich in seine Lehrerin verliebt und wartet, bis die Schule aus ist, um sie auf dem Heimweg zu begleiten. Er fast sich ein Herz und gesteht ihr seine Liebe. Die Lehrerin lacht ein wenig und fragt dann sanft:" Aber Klaus, was soll ich denn mit einem Kind?" Klaus verständnisvoll: „Wir werden doch auch aufpassen!"

Das junge Mädchen sitzt in der Straßenbahn und hat einen kleinen Hund auf dem Schoß. Ein junger Mann möchte gerne ein Gespräch mit ihr beginnen und gesellt sich zu ihr. Er deutet auf den Hund und meint: „Mit dem möchte ich zu gerne tauschen und auch gestreichelt werden!" Das Mädchen: „So? Das glaube ich nicht. Der Hund soll nämlich beim Tierarzt kastriert werden!"

Der junge Mann möchte sich das Rauchen abgewöhnen und fragt seinen Arzt um Rat. Der Arzt: „Wenn es ihnen schwer fällt, auf die Zigaretten zu verzichten, müssen Sie statt Rauchen einen Apfel essen!" Der Patient: „Mein Gott, wo soll ich auf dem Arbeitsplatz denn die sechzig Äpfel aufbewahren?'"

Die Frau geht mit ihrem Mann ins Fußballstation. Fragt sie: „Was ist das für ein Spiel?" Er: „Das ist ein Vorspiel. Das Spiel, auf das wir warten, kommt erst später!" Sie wieder: „Wie lange dauert denn das Vorspiel?" Er: „Zweimal 45 Minuten!" Sie: „Daran kannst du dir mal ein Beispiel nehmen!"

Das Liebespaar küsst sich. Er zu ihr: „Halte bitte meine Ohrläppchen beim Küssen fest!" Sie erstaunt: „Du scheinst mir ein ganz Wilder zu sein!" Er: Nicht unbedingt, aber einmal ist mir beim Küssen die Brieftasche weggekommen!"

Die Frau bringt ihrem kranken Mann das Essen ans Bett. Er: Ich habe heute überhaupt keinen Appetit!" Die Frau: „Dann eben nicht. Schlage ich halt noch zwei Eier darüber und gebe es dem Hund!"

In der Firma arbeitet ein Neger. Fragt ein Kollege: Wo kommt der Neue eigentlich her?" – „Der kommt aus Ghana!" – „Wo liegt denn das?" – „Keine Ahnung, aber es muss hier in der Nähe sein. Er kommt nämlich immer mit dem Fahrrad hierher!"

Ein Löwe im Zoo zu einem anderen: „Hast du schon mal einen Ausbruch versucht?" Der andere: „Ja, vor einem Jahr hatte ich mich in einem Rathaus versteckt. Jeden Tag habe ich einen Beamten gefressen und keinem fiel es auf. Erst als ich die Putzfrau fraß, waren alle wie wild hinter mit her!"

Zwei Bekannte treffen sich. Der eine: „Und? Wie gefällt dir die Ehe?" Der andere: „Gut, ich fühle mich schon wieder wie in meiner Kindheit. Ich rauche inzwischen schon heimlich auf der Toilette!"

Warum heulst du denn?" – „Mein Zwillingsbruder hat wieder etwas angestellt und als ich ihm verpetzte, hat mein Vater ihn sich am Abend vorknöpfen wollen und hat mich erwischt!"

Die Patienten sitzen beim Zahnarzt und warten. Eine ältere Dame klagt über ihr Gebiss, das nicht mehr passt. Greift ein Herr neben ihr in die Jackentasche, nimmt ein Gebiss heraus und fragt: „Möchten Sie das mal probieren?" Die Frau versucht, es einzusetzen, doch es passt nicht. Da greift der Herr in die andere Jackentasche und hat wieder ein Gebiss in der Hand. Wieder bittet er die Dame, es zu probieren, doch es ist zu groß. Greift der Herr noch mal in die Tasche, nimmt ein anderes Gebiss und meint: „Das passt aber bestimmt!" Die alte Frau probiert es an und es passt wirklich. Fragt sie erstaunt: „Sind Sie Zahnarzt?" Der Herr: „Nein Totengräber!"

Der Gast zum Portier: „Was kostet ein Zimmer im Hotel?" Der Portier: „Achtzig Euro und Hundert Euro!" Der Gast: „Was ist denn der Unterschied?" Der Portier: „Zwanzig Euro!"

Frau Müller trällert vor sich hin. Plötzlich kommt ihr Mann und sagt: „Du hättest mir ruhig sagen können, dass Du singst, seit einer halben Stunde öle ich das Garagentor!"

Bei der Kontrolle der Unterlagen wird ein Matrose zum Kapitän zitiert. Nehmen Sie die Mütze an", befiehlt der Vorgesetzte. „Warum?" – „Nach Ihren Berechnungen sind wir mitten im Kölner Dom!"

Begeistert legt der Ehemann das Besteck auf den Teller und sagt zu seiner Frau: „Mmh, das hat heute besonders gut geschmeckt. Kannst du das bald wieder kochen? Sie schüttelt den Kopf: „Tut mir leid, aber an Fliegenpilzen kann man sich nur einmal im Leben satt essen! "

„Ernst, hier ist ein Brief an deine Großmutter und das Geld für eine Briefmarke. Würdest du bitte für mich zur Post gehen? " Bittet die Mutter ihren jüngsten. Der ist schnell zurück und gibt ihr das Geld wieder. „Ja, was ist denn das? " fragt die Mutter erstaunt. „Das brauche ich nicht. Ich habe den Brief schnell eingeworfen als niemand hinguckte."

Chefkoch zum Lehrling: „Du nimmst zwei Drittel Milch, ein Drittel Sahne und ein Drittel Kaffee." Der Lehrling unterbricht ihn etwas verunsichert: Aber das sind ja schon vier Drittel. Wie soll ich denn das machen?" „Du nimmst einfach einen etwas größeren Topf."

Knapp fünf Wochen ist das junge Paar verheiratet, da ruft sie ihre Mutter an und schluchzt: „Wir hatten eine Riesenkrach! Was soll ich bloß machen?" „Nur ruhig, das kommt in der besten Ehe vor", beruhigt sie die Mutter." Schon aber ich weiß nicht wohin mit der Leiche."

Das Auto ist umgestürzt und liegt im Graben. Jammernd steht Emil neben dem Wagen. Da kommt sein Bekannter vorbei, beruhigt ihn erst einmal und lädt ihn zu einem Bier ein. Es bleibt nicht bei dem einen Bier und beide zechen fröhlich. Da fängt Karl wieder an zu jammern: „Mein armer Vater, was wird er dazu sagen?" Der Bekannte: „Sorge dich doch nicht, deinem Vater hätte es genauso gut passieren können!" Jammert Karl weiter:! Aber ihm ist es doch passiert, er liegt doch noch unterm Auto!"

Gespräch unter Nachbarinnen. Die eine: „Wo ist eigentlich ihr Mann beschäftigt?" Die andere: „Der ist nirgends beschäftigt, der ist Beamter!"

Die Bäuerin will auf dem Standesamt den Tod ihres Mannes melden. Fragt der Arzt: „Haben Sie einen Totenschein?" Die Bäuerin: „Nein, ich habe keinen!" Der Arzt: „Einen Doktor müssen Sie doch gehabt haben?" Die Bäuerin: „Nein, mein Mann ist ohne ärztliche Hilfe verstorben!"

Die Stammtischkollegen treffen sich. Fragt der eine: „Was ist denn mit dem Hans passiert? Der hatte gestern die Hand verbunden?" Meldet sich ein anderer: „Der ist das erste Mal seit Jahren nüchtern nach Hause gekommen und da hat ihn sein Hund nicht erkannt und in die Hand gebissen!"

Schimpft der Sohn daheim, als er das Zeugnis seinem Vater vorlegt:

„Dieses Fräulein Michel. Mir wirft sie immer die schlechte Schrift vor, aber schau dir doch nur mal ihre auf dem Zeugnis an. Ihre Einser sehen aus wie Vierer!"

Die Rentner sitzen vor dem Altersheim auf der Bank und unterhalten sich. Der eine: „Essen ist schön, Trinken ist schön, aber am schönsten ist doch die Liebe!" Der andere: „Weihnachten ist schöner als Liebe!" Der erste: „Aber Weihnachten ist öfters!"

Bahnhofsdurchsage: „Achtung, Achtung, der Eilzug München trifft um 7:30 Uhr auf Gleis zwei ein, der Zug nach Bremen fährt um 8:00 Uhr von hier ab, der Personenzug nach Ostfriesland fährt auf Gleis eins ab, wenn der große Zeiger auf zwölf und der kleine Zeiger auf neun steht!"

Der Friseur: „Möchten Sie das Haar im Nacken behalten?" Der Kunde: „Ich bitte darum!" Der Friseur: „Ich gebe es ihnen nachher in der Tüte mit!"

„Bitte kommen Sie schnell. Ein Mann versucht, mit einer Leiter bei mir einzusteigen." – „Hier ist die Feuerwehr. Sie sollten besser die Polizei anrufen!" – „Nein, die Feuerwehr muss kommen, die Leiter ist zu kurz!"

Beschwert sich die Tochter: „Schon wieder Linsen zu Mittag. Ich bin es aber wirklich bald satt!" Die Mutter: „Erstens fährst du morgen mit deinem Freund in Urlaub und übrigens sind das keine Linsen, sondern Antibabypillen!"

Der Mannschaftskapitän nach dem Spiel zum Schiedsrichter: „Wie heißt denn ihr Hund?" Der Schiedsrichter: „Ich habe keinen Hund!" Der Mannschaftskapitän: „Was denn, so blind und keinen Blindenhund?"

Die Studentin hilft im Kaufhaus an der Kasse aus. Es ist gerade Schlussverkauf und als sie endlich Feierabend hat, stöhnt sie: „Bin ich froh, wenn die Tage vorbei sind!" Die Kollegin: „Ich freue mich, wenn meine Tage kommen!"

Der Trainer der Fußballmannschaft zum Spielführer: „Ich habe den Jungs gesagt, spielt, wie ihr noch nie in eurem Leben gespielt habt!" Der Spielführer: „Was taten sie denn?" – „Sie spielten, als ob sie noch nie im Leben gespielt hätten!"

Das Ehepaar steht bis zu den Schultern im Wasser. Sie schwärmend:

"Schaue dir nur die Wellen an, wie sie mich küssen!" Der Mann brummend: "Und am Strand brechen sie!"

Zwei liebende werden durch das Zuschlagen einer Tür gestört. „Das ist mein Mann", ruft sie erschrocken aus, „schnell spring aus dem Fenster!" – „Aber wir sind doch hier im dreizehnten Stock!" – „Macht nichts, jetzt ist keine Zeit um abergläubisch zu sein!"

Ein Filmschauspieler vertraut sich einem Kollegen an: „Ich bin jetzt beinahe fünfundsechzig, habe drei Millionen auf der Bank und bin in ein rassiges Mädchen von neunzehn Jahren verliebt. Meinst du, sie wird mich eher heiraten, wenn ich ihr sage, ich sei erst fünfzig?" Der Kollege wiegt bedächtig den Kopf: „Du hast sicher mehr Erfolg bei ihr, wenn du sagst, du seist schon achtzig!"

Durch den Leipziger Zoo schlendert ein Ehepaar. Einige Pelikane watscheln vorbei. „Nu gugge mal", sagt die Ehefrau, „die scheenen Störche." Sagt der Ehemann tadelnd. „Das sind die berühmten Beeligahne, aus denen die Dinde gemacht wird!"

Museum für moderne Kunst: Zwei Knirpse stehen vor einem Bild mit bunten Klecksen, Punkten und Strichen. Zerrt der eine den anderen am Arm und raunt: „Schnell weg hier, sonst sagen sie noch, wir seien es gewesen!"

„Was willst du denn werden, wenn du groß bist, Kläuschen?" Postbote, Onkel Heini!" – „Warum denn ausgerechnet Postbote?" – „Na, dann krieg ich von Mutti auch jeden Morgen ein Küsschen und ein Stück Kuchen!"

Ruft der Zauberkünstler in den überfüllten Saal: „Als Höhepunkt möchte ich nun eine Frau Verschwinden lassen." Stimme aus der vierten Reihe: „Geh rauf Luise!"

Kunde zum Gebrauchtwagenhändler: „Und was frisst der Wagen?" – „30 Liter auf 100 Kilometer." – „Gut, wer so einen Appetit hat, muss gesund sein!"

„Ich habe eine tolle Idee", sagt Christa zu ihrem Mann, „heute Abend wollen wir uns richtig amüsieren. Was hältst du davon?" – „Tolle Idee", nickt ihr Mann, „und wenn du früher nach Hause kommst als ich, lass bitte das Licht im Treppenhaus an!"

Die Herzogin zu ihrem Butler: „Sie können nicht einfach in mein Schlafzimmer kommen, ohne vorher anzuklopfen. Es kann ja sein, dass ich nackt bin!" Der Butler: „Nein, das kann nicht sein, ich schaue nämlich vorher immer durch das Schlüsselloch!"

Sie möchte mit ihm spazieren gehen. Als sie sich bückt, fragt sie: „Kann man den Slip sehen, wenn ich mich bücke?" ER: „Nein, aber bei diesem Wetter solltest du vielleicht besser einen anziehen!"

Eva zu ihrer Freundin: „Warum hast du dem Peter eine Ohrfeige gegeben?" Eva: „Wegen Handspiel im Strafraum!"

Georg schreibt seinem Bruder in der DDR einen Brief: „Hast du Waffen und Munition von mir erhalten?" Zwei Wochen später kommt die schriftliche Antwort: „Schicke mir die Blumenzwiebeln, die Leute von der Stasi haben inzwischen den Garten gründlich umgegraben!"

Der Urlauber hat einen Papagei mitgebracht und muss am Flughafen durch den Zoll. Der Papagei sitzt auf der Schulter. Laut liest der Zöllner: „Papagei – ausgestopft 100.- Euro. Papagei lebend 200,- Euro Zollgebühren!" Flüstert der Papagei dem Urlauber ins Ohr: „Mensch, mach bloß jetzt keinen Mist!"

„Richard, warum hast du eigentlich deine Verlobung mit Eva aufgelöst?" Richard: „Möchtest du vielleicht mit jemanden verheiratet sein, der dauernd trinkt, lügt und faul ist?" – „Natürlich nicht!" Richard: „Eva wollte es auch nicht!"

Der Betrunkene wankt über die Reeperbahn. Vor einem Striptease Lokal spricht ihn eine schöne Negerin an: „Na, Süßer, wie wäre es mit uns beiden? Kommst du mit nach Hause?" Der Betrunkene: „Was soll ich jetzt in Afrika?"

Der Gast: „Ober, bringen sie bitte Forelle Müllerin Art!" Ruft ein zweiter

Gast: „Mir auch bitte. Aber ganz frisch!" Schreit der Ober in die Küche: „Zweimal Forelle, Toni. Einmal davon frisch!"

Die Mutter zur Tochter: „Du wirst doch hoffentlich nicht allein in der Wohnung dieses Junggesellen schlafen?" Die Tochter: „Wieso allein? Er ist doch auch noch da!"

Der Millionär liegt im Sterben. Seine Frau hält ihm die Hand. Er flüstert: „Was soll nur aus dir werden, wenn ich nicht mehr da bin?" Sie tätschelt ihm die Hand und beruhigt ihn: „Jetzt stirb´ erst mal schön, dann sehen wir weiter!"

Die gnädige Frau zum Hausmädchen: „Aber Paula, Sie dürfen meine Briefe doch nicht öffnen, das ist Verletzung des Briefgeheimnisses!" Rechtfertigt sich das Hausmädchen: „Aber es stehen doch gar keine Geheimnisse darin!"

Das Dienstmädchen kommt vom Einkaufen zurück und zieht einen wild um sich schlagenden Mann hinter sich her. Fragt die Hausherrin: „Haben Sie alles bekommen?" Das Mädchen: „Ja, die Brötchen, den Apfelkuchen und die Nusstorte, nur der Berliner, den ich bringen sollte, machte mir ein wenig Schwierigkeiten!"

Der Gastwirt zum Gast: „Hat es Ihnen geschmeckt?" Der Gast: „Ich habe weiß Gott schon besser gegessen!" Der Wirt: „Aber nicht bei mir!"

Flüstert die Frau in der Oper ihrem Mann zu: „Gleich kommt wieder der lange Monolog!" Der Ehemann: Ohje, hoffentlich setzt der sich nicht genau vor unsere Nase!"

Der Arbeitslose schaut auf das Plakat vor der Firma, auf dem steht: `Tüchtigen Mann für die Montage gesucht`. Gleich meldet er sich auf dem Büro. Fragt ihn der Personalchef: „Haben Sie so etwas schon gemacht?" Der Arbeitslose: „Werde ich schon hinkriegen, wenn es nur die Montage sind, an denen gearbeitet wird!"

„Herr Richter, ich habe den Kläger überhaupt nicht beleidigt, ich habe lediglich gesagt, er sei ein Idiot!" Der Richter; „Dann bekommen Sie natürlich nicht einen Monat Freiheitsentzug, sondern nur vier Wochen!"

Der Maler zu dem hübschen weiblichen Modell: „Ich überlege mir gerade, ob ich Sie nicht lieber nackt malen soll!" Das Modell: „Um Gottes Willen, bleiben Sie doch angezogen!"

Der Lehrer: „Welche Sünde hat Adam begangen?" Der Schüler: „Er hat von dem verbotenen Apfel gegessen!" Lobt ich der Lehrer: „Richtig. Womit wurde er dann bestraft?" Der Schüler: „Er musste Eva heiraten!"

Der Lehrer in der Rechenstunde: „Angenommen, du hast zehn Groschen und zwei Fünfer. Die steckst du in die Hosentasche und verlierst zwei Zehner. Was hast du dann in der Tasche?" Der Schüler: „Ein Loch!"

Die korpulente Dame steht vor der Schule und wartet auf ihre Kinder. Fragt ein Lehrer: „Erwarten Sie ein Kind?" Die Frau: „Nein, ich bin immer so dick!"

Die Ehefrau zeigt dem Malermeister die Stellen, die alle neu gestrichen werden sollen. Sie wendet sich an den Maler: „Kommen Sie mit ins Bad, dann zeige ich ihnen, wo mein Mann immer hinlangt!" Der Malermeister mürrisch: „Ein Schnaps wäre mir eigentlich lieber!"

Die Frau kommt zum Hausarzt, bedeckt mit Platzwunden und Blutergüssen. Sie erzählt, dass ihre Verletzungen von ihrem Mann stammen. Wunder sich der Doktor: „Ich dachte, der sei verreist?" Sie: „Das dachte ich auch!"

Nach sechs Wochen schreibt die Ehefrau ihrem Mann: „Ich habe inzwischen schon die Hälfte in der Kur abgenommen. Wie lange soll ich noch bleiben?" Schreibt der Ehemann zurück: „Noch sechs Wochen!"

„Mami, ist es war, dass der Storch die Babys bringt und der liebe Gott uns das Brot schenkt?" Die Mutter: „Ja, Kind!" - „Mutti, wozu brauchen wir dann eigentlich noch Vati?"

Der Bundestagsabgeordnete liegt im Krankenhaus und erhält von seinen Kollegen ein Telegramm: „Wir wünschen Ihnen mit 52 zu 11 Stimmen eine Gute Besserung!"

Der kleine Junge zur Tante: „Ich soll mich noch recht herzlich für das Geburtstagsgeschenk bedanken!" Die Tante bescheiden: „Aber Junge, das war doch kaum der Rede wert!" – „Das hat Mami auch gesagt!"

Karl besucht seinen Arbeitskollegen im Krankenhaus. Karl entsetzt zu seinem Kollegen: „Wie bist du denn hier gelandet? Gestern habe ich dich doch noch mit einer Blondine gesehen!" Der Arbeitskollege: „Meine Frau hat mich leider auch mit ihr gesehen!"

Die Touristengruppe in Rom. Fragt einer: „Entschuldigung, können Sie mir sagen, wo die Laokoon-Gruppe ist?" Der Angesprochene: „Nein, wir sind mit Neckermann hier!"

Willi wettet mit seinem Freund, dass er ihm ein Maß Bier über den Kopf schütten kann und der Freund nicht nass wird bei diesem Vorgang. Sie wetten um eine Euro. Willi gießt das Bier über dem Kopf aus. Der Freund wird klatschnass und schimpft: „Du Lügner, ich bin doch nass geworden!" Willig gibt er ihm bedauernd eine Euro: „Stimmt, ich habe die Wette leider verloren!"

Der Ostfriese steht auf der Landstraße und tritt bei seinem Auto die Scheinwerfer ein. Ein Autofahrer, der das sieht, hält an und fragt, was denn los sei. Der Ostfriese: „Wenn die Karre nicht laufen will, braucht sie auch nicht zu sehen!"

Der Anwalt zum Angeklagten: „Meine Bemühungen, den Prozess zu gewinnen, waren umsonst!" Der Angeklagte: „Prima, ich dachte, Sie wollten Honorar!"

Fragt die Nachbarin: „Wie geht es denn eurem Onkelchen?" – „Nicht sehr gut, er ist sehr krank!" – „Das ist ja traurig, da müsst ihr ja mit allem rechnen!" – „Mit allem nicht. Wir erben nur die Hälfte!"

Der Professor bemerkt mit Entsetzen, dass der Methylalkohol von Tag zu Tag weniger wird und er hat so den leisen Verdacht, dass sich ein Alkoholiker daran zu schaffen macht. Gewissenhaft klebt er ein Schild auf die Flasche: Methylalkohol, Vorsicht Erblindungsgefahr!" Am nächsten Tag steht darunter: „Habe ein Auge riskiert!"

Die beiden Tanten sind aus dem Taxi ausgestiegen. Sie haben jede Menge Gepäck dabei. Die Verwandten holen sie ab und zählen die Koffer und Schachteln. Schnell schicken sie den kleinen Neffen noch einmal zum Taxi, das gerade anfährt. „Halt!", ruft der Kleine, „Eine Schachtel fehlt noch!" Der Taxifahrer dreht sich um und ruft laut: „Nein, beide Schachteln sind ausgestiegen!"

Lehmann ruft bei der Zeitung an und meldet: „Meine Frau hat soeben Vierlinge geboren!" Der Redakteur fassungslos: „Würden Sie das noch mal wiederholen?" Lehmann: „Nein, wir haben jetzt schon keinen Platz mehr!"

Der junge Mann hat das schöne Mädchen in ein Gespräch verwickelt. Sie möchte ihn gerne loswerden. Sie lächelt ihm zu: „Vorhin habe ich an Sie gedacht!" Er erstaunt: „So?" Sie: „In der Bäckerei, als ich die Windbeutel sah!"
Zwei Freunde unterhalten sich. Der eine: „Die Ehe ist eine Lotterie!" Der andere: „Dann habe ich eine Niete!"

„Wie viel Rollen Tapeten hatten Sie denn gekauft, um den Flur zu tapezieren?", fragt der Mieter den Vorgänger. Der antwortet: „Zehn!" Nach einer Woche sehen sie sich wieder. Der Mieter: „Ihre Rechnung ging nicht ganz auf, ich habe vier Rollen übrig behalten!" Der Vormieter: „Ich damals auch!"

Ein Ei zu dem anderen: „Verdammt, du hast dich aber in Schale geschmissen!"

Auf dem Finanzamt fragt der Steuerzahler nach: „Muss ich wirklich jede Einnahme angeben?" Der Beamte: „Natürlich!" Der Steuerzahler: „Na gut! Heute Morgen hatte ich zwei Tabletten gegen Kreislaufbeschwerden eingenommen!"

Der Unterschied zwischen einem Telefonhäuschen und der Bundesregierung? Beim Telefonhäuschen muss man erst zahlen und dann wählen!"

Die Wahrsagerin zu ihrem Kunden: „Ich sehe Schreckliches. Ihre Frau wird in den nächsten Tagen sterben!" Der Kunde ungeduldig: „Das weiß ich, ich möchte wissen, ob ich auch freigesprochen werde!"

Schimpft der Ehemann: „Ich habe es satt, bei dir immer nur die zweite Geige zu spielen!" Die Ehefrau: „Sei doch froh, dass du überhaupt noch in meinem Orchester bist!"

Der kleine Junge erzählt von der Schule: „Unser Lehrer hat uns erzählt, dass es in Afrika Stämme gibt, bei denen der Mann seine Frau erst nach der Hochzeit kennen lernt!" Der Vater: „Das ist nicht nur in Afrika so, mein

Junge!"

Vor dem Postschalter steht eine lange Warteschlange. Die ältere Dame geht an den Wartenden vorbei und entschuldigt sich: „Ich möchte nur eine einzige Briefmarke kaufen!" Ein junger Mann ärgerlich: „Denken Sie, wir stellen uns hier zur Polonaise auf?"

Fragt der Arzt die ältere Patientin: „Wie alt sind Sie?" Die Patientin: „Ich gehe auf die dreißig zu!" Der Arzt: „Aha, und aus welcher Richtung?"

Der Bräutigam trägt seine Braut über die Türschwelle und wirft sie auf das Bett. Sie ganz erleichtert: „Jetzt kommt der schönste Augenblick des Hochzeitstages!" Sie: „Ja, endlich kann ich diese engen Brautschuhe einmal ausziehen!"

Die große Familie geht am Sonntag spazieren. Der ganze Anhang zieht sich über eine ziemlich große Strecke und die Mutter schaut ab und zu hinter sich. Schließlich stellt sie fest. Fragt sie unruhig ihren Mann: „Wo die bleiben? Was die nur machen?" Der Mann: „Nachkommen!"

Die hübsche Blondine will sich in der schicken Boutique ein Kleid kaufen. Als sie bezahlen will und der Verkäuferin einen Tausendeuroschein reicht, hält die Verkäuferin den Schein gegen das Licht und meint: Tut mir leid, aber der Schein ist falsch!" Die Blondine: „Mein Gott, dann bin ich vergewaltigt worden!"

Er bedrängt sie, doch sie weist ihn ganz energisch ab: Erstens bin ich katholisch, zweitens ist es eine Todsünde und drittens bekomme ich davon Kopfschmerzen!"

Eva hat einen Gipsfuß. Fragt ihre Freundin: „Was ist denn mit dir passiert?" Eva: „Ich hatte einen Verkehrsunfall, ich fiel beim Verkehr aus dem Bett!"

Der Ehemann zu dem Arzt: „An unserem Kindersegen ist nur die Bundesbahn schuld." Staunt der Arzt: „Die Bundesbahn?" Der Ehemann: „Ja, wir wohnen ziemlich nahe am Bahndamm und wenn nachts ein Schnellzug vorbeibraust, wachen wir davon auf. Leider ist es dann zu früh, um aufzustehen und zu spät, um einzuschlafen!"

Der berühmte Tierforscher hat Gäste eingeladen und erzählt von seiner letzten Expedition. „Wenn bei den Affen Paarungszeit ist"; erzählt er, „stoßen die Männchen einen furchtbaren Schrei aus, etwa so..." und er stößt einen Schrei aus, dass den Gästen das Blut in den Adern gefriert. Da öffnet sich die Tür und die Ehefrau des Forschers fragt: „Hast du gerufen, Liebling?"

Das Filmsternchen zum Rekruten: „Auf welchem Weg kann der Soldat am besten seinen Mut beweisen?" Der Rekrut: „Auf dem Beschwerdeweg, Herr Hauptmann!"

Der Ehemann besucht seine Frau am Wochenende in der Kur. Als er fragt, ob sie auch treu geblieben sei, entrüstet sich die Frau: „Aber Liebling natürlich!" Am Abend kann sich der Ehemann nicht mehr bremsen und schläft mit seiner Frau. Das Bett quietscht ein wenig und nach einer Weile hören sie eine erboste Stimme aus dem Nachbarzimmer: „Verdammt, die ganze Woche geht es schon so, kann man da nicht am Wochenende wenigstens seine Ruhe haben?"

Die Mutter beobachtet die Tochter beim Spielen und als sie gerade einen Handstand macht, stellt sie entsetzt fest, dass sie überhaupt kein Höschen anhat. Sie stellt sie zur Rede. Die Kleine: „Aber Mutti, du hast doch selbst gesagt, ich soll beim Radschlagen und bei einem Handstand aufpassen, dass die Buben nicht mein Höschen sehen, da habe ich es einfach ausgezogen!"

Die Bergsteiger befinden sich auf dem Weg zum Gipfel. Als sie an einer Gletscherspalte vorbeikommen, deutet der eine Bergsteiger auf die Gletscherspalte: „Hier fiel vor zwei Jahren mein Bergführer hinunter!" Der andere: Was denn, dass sagst du so ganz ungerührt?" - „Er war doch schon ganz zerfleddert und einige Seiten fehlten auch schon!"

Lehmann hat Zwillinge bekommen. Als der Chef gratuliert, meint er: „So, so, hat sich also ihr Haushalt um zwei Personen vermehrt!" Lehmann: „Nein, nur um eine!" Der Chef erstaunt: „Aber es sind doch Zwillinge, oder nicht?" Lehmann: „Unser Dienstmädchen hat noch am Tag der Geburt die Koffer gepackt!"

Peter kommt mit seinem Zeugnis nach Hause und ruft seinem Vater schon von weitem zu: „Bleibe ruhig sitzen, Papi. Ich bin auch sitzen geblieben!"

Der Kunde beschwert sich in der Drogerie: „Sie wollten mir ein Mittel gegen meine rote Nase geben. Schauen Sie sich doch die Nase an, jetzt ist sie blau!" Der Drogist: „Wollten Sie lieber eine andere Farbe?"

Die Frau möchte eine Schallplatte kaufen. Die Verkäuferin: „Wissen Sie nicht, welche?" Die Frau: „Von Bach!" Die Verkäuferin: „Johann Sebastian oder Offen- Bach?"

Die trauernden Angehörigen geben einen Kranz für den Verstorbenen in Auftrag mit der Inschrift: `Schlafe sanft! Auf Wiedersehen! Kurz danach melden sie sich wieder bei dem Bestattungsunternehmen und bitten um Verlängerung eines Spruches, aber nur, wenn Platz ist, im Himmel`. Als sie nachher den Kranz abholen, staunen sie nicht schlecht, denn dort steht: `Schlafe sanft! Auf wieder sehen wenn Platz ist im Himmel`.

Der alte Geizkragen möchte ein Hotelzimmer. Als er den Portier fragt, sagt dieser: „Bis zum zweiten Stock kostet ein Zimmer achtzig Euro, beim dritten siebzig und beim letzten kostet es fünfzig Euro!" Der alte Geizkragen: „Vielen Dank, aber das Hotel ist mir zu niedrig!"

Der Besucher zu dem Maler in der Galerie: „Die einzigen Bilder, die ich mir ansehen kann, sind die von Ihnen!" Der Maler: „Vielen Dank für das Kompliment!" Der Besucher: „Vor den anderen Bildern drängeln sich die Leute so!"

Die Frau erwartet ein Kind und schnell wird ein Doktor geholt, weil es Komplikationen gibt. Eilig verschwindet der Arzt mit seiner schwarzen Tasche im Schlafzimmer. Wartend steht der Ehemann vor der Schlafzimmertür. Nach einigen Minuten kommt der Arzt wieder hinaus und fragt nach einer Zange. Der Ehemann besorgt eine Zange. Der Arzt verschwindet. Ein wenig später möchte der Arzt einen Hammer und einen Meißel. Fragt der Ehemann: „Um Gottes Willen, was machen Sie nur?" Der Arzt: „Ich bekomme meine Tasche nicht auf!"

Der Vorarbeiter im Fließband wird von seinem Chef gefragt: „Wie macht sich denn der Neue?" Der Vorarbeiter: „Der geht mir langsam auf die Nerven mit seinem ewigen: „Nanu, da kommt ja schon wieder was..."

Im Hotel spielt sich beim Mittagessen immer wieder das gleiche

Zeremoniell ab. Die Dame vom Nebentisch verneigt sich leicht und sagt: „Bon Appetit!" Der Herr verneigt sich auch leicht und erwidert: „Angenehm, Schulz!" Nach einigen Tagen klärt der Ober den Gast auf, dass die Dame nur guten Appetit wünsche. Einen Tag später kommt Schulz der Dame zuvor und meint freundlich: „Bon Appetit!" Erwidert die Dame: „Angenehm, Schulz!"

Der Arzt zum Mann auf dem Krankenbett: „Gratuliere, Sie haben die Operation gut überstanden!" Der Mann: „Vielen Dank, Herr Doktor, aber eigentlich wollte ich nur die Fenster im Krankenhaus putzen!"

Der Ehemann ruft mitten in der Nacht den Doktor an: „Sie müssen gleich kommen, meine Frau hat schlimme Bauchschmerzen. Ich glaube, es ist der Blinddarm!" Der Arzt verschlafen: „Das kann nicht sein, oder haben Sie schon erlebt, dass jemand einen zweiten Blinddarm hatte?" Der Ehemann: „Haben Sie schon erlebt, dass jemand eine zweite Frau hatte?"

Die Frau kommt vom Arzt zurück: Der Mann fragt: „Und, was hat er gesagt?" Die Frau: „Dreißig Euro!" – „Nein, ich meine, was hast du gehabt?" Die Frau: „Zwanzig Euro!" – „Nein, ich meine, was fehlte dir?" Die Frau: „Zehn Euro!"

Lehmann stellt sich vor. Der Personalchef füllt das Formular aus und fragt: „Haben Sie Kinder?" Lehmann: „Ja, eine dreijährige Tochter und einen Sohn von fünf Jahren!" Der Personalchef: Was für ein Fahrzeug benutzen Sie?" Lehmann: „Ein Dreirad und einen Tretroller!"

Lehmann sieht Fußball und schimpft: „Ein Tor fehlt!" Die Frau: „Wieso, dort stehen doch zwei!"

Der Ehemann kommt von der Arbeit nach Hause. Als er in die Wohnung kommt, fragt er die Frau: „Gibt es etwas Neues?" Die Frau: „Ja, unser Zweitwagen ist ab jetzt unser Erstwagen!"

Der Tänzer hat sich zum dritten Mal die gleiche Partnerin zum Tanz ausgesucht. Sie zu ihm: „Sie tanzen wohl gerne?" Er: „Ja, ich tanze leidenschaftlich gerne!" Sie: „Weshalb lernen Sie es dann nicht?"

An der Straßenecke steht ein Bettler und spielt Geige. Ein Polizist hält bei ihm an und fragt: „haben Sie einen Gewerbeschein?" Der Bettler: „Nein, habe ich nicht!" Der Polizist: „Dann begleiten Sie mich!" Der Bettler:

„Gerne, was wollen Sie denn singen?"

Der Ehemann schaut am Morgen die Post nach und ruft der Frau zu: „Endlich haben wir Ruhe vor dem Finanzamt!" Sie: „Wieso denn?" Er: „Sie schreiben, dies hier sei die letzte Mahnung!"

Der alte Rentner im Museum fragt den Aufseher: „Wo ist das Bild mit den drei nackten Frauen?" Der Aufseher: „Im zweiten Stock. Wir müssen das Bild dauernd umhängen, damit sich die Teppiche überall gleichmäßig abnutzen!"

Der kleine Peter klingelt beim Nachbarn und fragt nach einer Schere. Die Nachbarin: „Ich leihe dir gerne die Schwere, aber habt ihr keine eigene?" – „Doch, aber die ist viel zu schade zum Öffnen von Dosen!"

Der Hausherr stellt auf einer Party einen Gast vor mit den Worten: „Hier sehen sie Mister Gray, er ist ein sehr guter Rugbyspieler!" Ruft eine Dame entzückt: „Oh, fragen sie doch Mister Gray, ob er auf seinem Rugby etwas vorspielen kann!"

Das Kloster erhält einen Brief vom dem Missionar aus Afrika. Der Mönch eilt mit dem Brief zum Abt und berichtet ihm: „Bruder Joachim klagt schon wieder über Wassermangel in seiner Missionsstation!" Der Abt: „Aber das tut er doch in jedem Brief!" Der Mönch: „Diesmal scheint es ernst zu sein. Bruder Joachim hat die Briefmarke mit Stecknadeln befestigt!"

Im Geschäft: „Ich möchte gerne Autofahrerhandschuhe!" Der Verkäufer: „Welche Nummer bitte?" – „D – FG – 88!"

Die Patientin zum Arzt: „Ich verspüre am ganzen Körper einen brennenden Juckreiz!" Nach einer eingehenden Untersuchung meint der Arzt: „Sie haben Reizwäsche an, daher muss es wohl kommen!"

Der Richter zum Angeklagten: „Sie sollten langsam versuchen, ein anderer Mensch zu werden!" Der Angeklagte: „Aber das habe ich doch versucht. Es hat mir sechs Monate wegen Urkundenfälschung und Amtsanmaßung gebracht!"

Eine Freundin zur anderen: „Vor zwei Monaten habe ich Egons Heiratsantrag abgelehnt und seit dieser Zeit ist er jeden Tag betrunken!" Die Freundin: „Man kann das Feiern aber auch übertreiben!"

Das Haus der berühmten Schauspielerin steht in Flammen und die Schauspielerin steht auf dem obersten Fensterbrett. Die Feuerwehr steht schon mit einem Sprungtuch bereit und der Feuerwehrmann ruft ihr zu: „So springen Sie doch!" Die Schauspielerin: „Ich kann nicht. Wo ist mein Double?"

Zwei Eier im Kochtopf. Das eine: „Verdammt heiß hier!" Das andere: „Das macht nichts. Davon wird man hart!"

Der Ehemann ist auf der Party nicht zu bändigen und schaut dauernd den anderen Frauen nach. Fragt eine Dame die Frau: „Stört es Sie nicht, dass ihr Mann jedem Rock hinterher schaut?" Sie: "„Das kenne ich von unserem Dackel, der jedem Auto hinterher bellt, doch wenn es stehen bleibt, sucht er das Weite!'"

Die Mutter kann sich nicht von ihrer Tochter trennen, bevor sie mit ihrem Mann in die Flitterwochen fährt. Weinend verabschiedet sich die Mutter von den beiden und schluchzt: „Alles Gute euch beiden. Vielleicht bin ich in neun Monaten schon Großmutter!" Die Tochter: „Nein, in sieben Monaten!"

Ein Mann an der Bushaltestelle schaut auf seine Uhr und sieht, dass die Uhr 10.30 Uhr anzeigt. Er steigt in den Bus und sieht zufällig auf eine andere Uhr, deren Zeiger auf 10.15 Uhr stehen. Murmelt der Mann: „Verdammt, ich fahre ja in die verkehrte Richtung!"

„Herr Doktor, wie lange kann ein Mensch ohne Gehirn leben?" Der Doktor: „Warten Sie es doch mal ab!"

Der kleine Peter kommt nach Mitternacht in das Schlafzimmer der Eltern und bittet seine Mutter, noch ein Märchen zu erzählen. Meint die Mutter: „Gleich kommt Papi nach Hause, der erzählt uns beiden dann ein Märchen!"

„Was habt ihr heute in der Schule gemacht?" – „Mit Sprengstoff experimentiert!" – „Was macht ihr morgen in der Schule?" – „In welcher Schule?"

Langsam gleitet das Passagierschiff an einer einsamen Insel vorbei. Auf der Insel springt ein halbnackter Mann herum und schwenkt wild mit den Armen. Fragt ein Passagier: „Was ist denn mit dem los?" Der Kapitän: „Der freut sich jedes Mal so, wenn wir hier vorbeikommen!"

Der Polizist zum Autofahrer: „Würden Sie sich bitte einen Alkoholtest unterziehen?" Der Autofahrer: „Gerne, in welcher Kneipe fangen wir an?"

Die alte Frau möchte sich auf die Parkbank setzen. Der kleine Junge möchte sie warnen und ruft: „Vorsicht, die ist frisch gestrichen!" Dreht sich die alte Frau um und fragt: „Wie bitte?" Der Junge: „Grün!"

Schimpft die Mutter: „Elfie, du solltest doch aufpassen, wenn die Milch überkocht!" Elfie beleidigt: „Habe ich doch, es war genau zehn Uhr!"
Die Familie isst im Restaurant. Der geizige Familienvater zum Kellner: „Die zwei Würste, die übrig geblieben sind, packen Sie bitte ein, die nehme ich für den Hund mit!" Jubeln die Kinder: „Prima, Vati kauft uns einen Hund!"

Die Ehefrau: „In der Zeitung steht, der Heiratsvermittler, über den wir uns kennen lernten, ist ermordet worden!" Der Ehemann brummt: „Na und? Ich habe ein Alibi!"

Der Nachbar: „Was ist denn mit ihrem Kater los? Der flitzt wie ein Irrer durch die Gärten!" – „Ich habe ihn gestern kastrieren lassen und jetzt rennt er sicher überall herum und sagt sämtliche Verabredungen ab!"

„Angeklagter, Sie werden mangels Beweisen freigesprochen. Der Staatsanwalt hat nicht nachweisen können, dass Sie die Bank überfallen haben!" Der Angeklagte: „Heißt das, ich kann das Geld behalten?"

Der junge Mann wird zur Bundeswehr eingezogen. Vom ersten Tag an murmelt er immer wieder: „Ei, wo ist es denn?" Schließlich wird er für verrückt gehalten und als er sein Entlassungszeugnis erhält, strahlt er über das ganze Gesicht und schreit laut: EI, da ist es ja!"

Die junge Krankenschwester zum Stationsarzt: „Den Patienten in Zimmer 4 werde ich nur noch betreuen, wenn Sie seine andere Hand auch noch eingipsen!"

Lehmann hat geheiratet. Fragt ihn sein Freund: „Kommst du gut mit deiner Frau aus?" – „Es geht. Es ist genau wie im Theater!" – „So schön?" – „Nein, aber eine Szene nach der anderen!"

Der Beamte weist den jungen Mann darauf hin, dass ein i-Punkt fehlt. Der junge Mann: „Dann machen Sie ihn eben!" Der Beamte schüttelt den Kopf: „Tut mir leid, aber es muss dieselbe Schrift sein!"

Unerwartet kommt der Gerichtsvollzieher, als die ganze Familie vor dem Gänsebraten sitzt. Tadelt der Gerichtsvollzieher: „Das sehe ich aber nicht gerne. Die fällige Steuer nicht bezahlen und dann bei einer gebratenen Gans tafeln und es sich wohl gehen lassen!" Der Hausherr: „Wir mussten das Tier schlachten, wir konnten es leider nicht mehr ernähren!"

Der Ehemann spült das Geschirr. Nebenan sitz seine Frau mit einer Freundin und unterhält sich. Die Freundin: „Das Spülen bereitet deinem Mann sicher sehr viel Spaß?" Die Ehefrau: „Sicher nicht, aber wenn er nachher so richtig wütend ist, klopft er viel besser die Teppiche!"

Eva kommt aus dem Urlaub zurück. Fragt eine Freundin: „Bist du per Anhalter gefahren?" Die Freundin: „Nein wieso?" – „Du siehst so mitgenommen aus!"

„Warum sind Sie eigentlich Vegetarier?" – „Aus Liebe zu den Tieren!" – „Warum fressen Sie ihnen dann alles weg?"

Der Vater mustert die Tochter am frühen Morgen und mosert: „Auf der Party gestern Abend muss es heiß hergegangen sein! Am linken Bein hast du sogar eine Laufmasche!" Die Tochter trotzig: „Die hatte ich schon vorher!" Der Vater: „Schon, aber da war sie noch am rechten Bein!"

„Ist da die Beratungsstelle für Alkoholiker?" – „Hier Alkoholiker Beratung, haben Sie Sorgen?" – „Ja, ich wüsste gerne, wie man Erdbeerbowle ansetzt!"

Werbung des Schützenvereins: „Lernen Sie schießen und treffen Sie nette Freunde!"

Die Gossenjungen unterhalten sich. Der eine: „Was macht dein Vater?" Der andere: „Der sitzt!" – „Warum sitzt er denn?" – „Weil er gestanden hat!"

Klaus trifft seinen Freund im Kino. Erkundigt er sich: „Was willst du hier. Den Film hast du doch schon mal gesehen?" Der Freund: „Ja, aber ich wollte sehen, ob die dumme Gans wieder auf den Schlawiner hereinfällt!"

Das junge Bauernmädchen soll heiraten. Die Mutter möchte sie aufklären, findet aber nicht den Mut und nimmt sie mit in den Hühnergarten. Kurzentschlossen sagt sie: „Schau dir an, wie es die Hühner und der Hahn tun. Es wird schon gut gehen. Als die Tochter endlich heiratet, liegt sie in der Hochzeitsnacht mit einem Turban im Bett. Erstaunt fragt der Bräutigam: „Was soll denn das?" Die Braut: „Du kannst mit mir machen, was du willst, aber die verdammte Pickerei auf dem Kopf vertrage ich nicht!"

Der Bauer unterhält sich mit dem Arzt. Fragt der Arzt: „Ist der chronische Husten weg?" Der Bauer: „Ja, mein Husten ist weg, der Ausschlag von den Kindern auch und den Rest vom Hustensaft nimmt meine Frau zum Putzen von Silberbesteck!"

„Die Lehmanns feiern ja bald Blecherne Hochzeit!" – „Was ist denn das?" – „Zwanzig Jahre Essen aus Blechdosen!"

„Für jeden Menschen gibt es ein passendes Sprichwort!" – „Was würdest du in meinem Fall sagen?" – „Wem Gott ein Amt gibt, dem gibt er auch Verstand!" – „Aber ich habe doch gar kein Amt!" – „Siehst du, es passt!"

Das Liebespaar ist an der Waldlichtung angekommen. Er zu ihr: „Wollen wir hier auf der Decke picknicken?" Sie errötend: „Zuerst würde ich gerne was essen!"

Zwei Geschäftsleute treffen sich. Der eine: „Einen tollen Luxuswagen fahren Sie!" Der andere: „Das bin ich meinem Ansehen auch schuldig!" – „Aber der kostet doch sicher eine Menge Geld?" – „Das bin ich meiner Bank schuldig!"

Unterhaltung am Stammtisch. Der eine: „Bei uns daheim habe ich die Hosen an. Ich sagte zu meiner Frau, innerhalb von zwei Minuten möchte ich einen Eimer mit heißem Wasser hier stehen haben. Was glaubt ihr, nach einer Minute stand der Eimer mit dem heißen Wasser da!" Fragt der Bekannte: „Wozu hast du das Wasser gebraucht?" – „Um das Treppenhaus zu putzen!"

Der Regisseur zum Filmsternchen: „Sind Sie noch Jungfrau?" Sie: „Ja, aber nicht fanatisch!"

Er verliebt sich in der Disco und sagt zu ihr: „Du bist das liebste und schönste Mädchen, dass ich kennen gelernt habe! Mit dir würde ich bis an das Ende der Welt gehen!" Sie: „Nicht nötig. Ich wohne gleich um die Ecke!"

Der Richter zur Zeugin: „Haben Sie mit dem Angeklagten korrespondiert?" Die Zeugin wird rot und stammelt ganz verlegen: „Nein, wir haben uns nur geküsst!"

„Welchen Wein können Sie uns zum Hochzeitstag empfehlen?" fragt ein Kunde den Weinhändler. Der Weinhändler: „Das kommt darauf an. Wollen Sie feiern oder wollen Sie vergessen?"

Was ist schwarz und dreht sich auf der Wiese im Kreis? Ein Maulwurf beim Hammerwerfen. Was ist schwarz, hüpft auf einem Bein im Kreis herum auf derselben Wiese? Derselbe Maulwurf, als ihm ein Hammer auf den Fuß gefallen war.

Der Schotte zu seinem Sohn: „Du hast ja einen neuen Kamm gekauft!" Der Sohn: „Musste ich. Ein Zahn war ausgebrochen!" Schimpft der Vater: „Deswegen kauft man doch nicht gleich einen neuen Kamm!" Der Sohn: „Es war aber der letzte Zahn!"

Kommt ein Mann an die Bar, verlangt einen Whisky, kippt ihn hinunter, wirft einen Zwanzigeuroschein hin und geht. Meint der Barkeeper zu einem anderen Gast: „Haben Sie das gesehen? Gibt mir Trinkgeld und bezahlt den Whisky nicht!"

„Was ist dein neuer Freund eigentlich von Beruf?" – „Entweder Schäfer oder Pfarrer!" – „Weißt du es nicht genau?" – „Nein, er sagte gestern nur, ich bliebe heute noch ungeschoren, aber am nächsten Tag müsste ich dran glauben!"

Sie steht am Fenster. Plötzlich ruft sie ihrem Mann: „Die hübsche Nachbarin ist gerade beim Ausziehen!" Er holt wortlos sein Fernglas. Sie erstaunt: „Was denn, um den Möbelwagen zu sehen, brauchst du doch kein Fernglas?"

Der Polizist betritt die Bank, tritt hinter den Kunden, der gerade bedient wird und fragt: „Entschuldigen Sie, ist es ihr Wagen, der vor der Bank mit laufendem Motor im Halteverbot steht?" Der Bankkunde kleinlaut: „Ja!" Der

Polizist: „Dann heben Sie mal fünfzig Euro mehr ab!"

„Liebling, in diesem Jahr können wir unseren Urlaub doch auf den Bahamas machen!" Sie: „Aber Schatz, wir müssen doch auch an unsere Schulden denken!" Er: „Aber das können wir doch auch auf den Bahamas!"

„Vati, warum hat die Giraffe denn so einen langen Hals?" Der Vater: „Keine Ahnung!" Der Junge weiter: „Vati, warum ist die Erde rund?" Der Vater wieder: „Keine Ahnung!" Der Sohn: „Vati, dich stören doch hoffentlich nicht meine Fragen?" Der Vater: „Ach was, Junge. Du musst doch fragen, sonst lernst du ja nichts!"

Die Krankenschwester zeigt dem frischgebackenen Vater sein Kind. Der Vater freut sich riesig: „Hurra, ein Junge!" Die Schwester: „Nein, es ist ein Mädchen und jetzt lassen Sie bitte meinen kleinen Finger wieder los!"

Eine Jungfrau, ein junges Mädchen und eine Ehefrau schlafen mit einem Mann. Die Jungfrau denkt: „Hoffentlich tut es mir nicht weh." Das junge Mädchen denkt: „Hoffentlich bekomme ich kein Kind!" Die Ehefrau schließlich denkt: „Die Decke könnte auch mal wieder gestrichen werden!"

„Wie viele Schafe haben Sie eigentlich?" fragt ein neugieriger Spaziergänger den Schäfer. Der Schäfer: „Keine Ahnung. Jedes Mal, wenn ich anfange zu zählen, schlafe ich ein!"

Das Ehepaar fragt an der Rezeption des Hotels: „Was kostet bei ihnen ein Doppelzimmer?" Antwortet der Portier: „Das kommt ganz auf die Lage an!" Meint die Frau: „Wir schlafen auf dem Rücken!"

Zwei Freundinnen unterhalten sich über ihre Probleme. Fragt die eine: „Hat dein Mann im Kleiderschrank schon mal einen Fremden gefunden?" Lacht die Freundin: „Nein, bisher waren es nur Bekannte von ihm!"

Der Richter zum Angeklagten: „Wie weit waren Sie von der Unfallstelle entfernt?" Der Angeklagte: „Sechs Meter und zwanzig Zentimeter!" Der Richter: „Reden Sie doch keinen Unsinn, Angeklagter. Kein Mensch kann die Entfernung so genau wie Sie schätzen." Der Angeklagte: „Doch, ich habe sogar mit einem Metermaß nachgemessen, weil ich mir schon denken konnte, dass irgendein Hornochse mich danach fragt!"

Er zu ihr auf der Parkbank: „Willst du meine Frau werden, Brigitte?" Sie erstaunt: „Aber wir kennen uns doch erst einen Tag!" Er: „Na gut, dann warte ich bis morgen!"

Im Geschichtsunterricht fragt der Lehrer Geschichtsdaten ab: „Du da neben der Tür", fragt der Lehrer, „wann wurde Goethe geboren?" – „Keine Ahnung!" Der Lehrer: „Wann wurde Luther geboren?" – „Weiß ich nicht!" Der Lehrer: „Sag mal, was hast du denn eigentlich gemacht? Doch sicher keine Schulaufgaben?" – „Ich habe gestern Skat gespielt!" Der Lehrer: „Aha, und was willst du dann hier?" – „Die Glühbirne auswechseln, ich bin der Elektriker!"

Der Richter zum Angeklagten: „Nun sagen Sie mir mal, warum Sie auf ihren Jagdkameraden geschossen haben?! Der Angeklagte: „Ich habe ihn für ein Reh gehalten!" Der Richter: „Wann bemerkten Sie den Irrtum?" Der Angeklagte: „Als das Reh Zurückschoss!"

Fragt die Freundin ihre alte Bekannte: „Wie gefällt dir die neue Stellung bei dem Grafen?" – „Gut. Ich brauche immer nur zwei Sätze zu sagen. Bei Tag: ´Ja, Herr Graf und in der Nacht: ´nein, Herr Graf!"

Die Schwester zum kleinen Bruder: „Es wird Zeit, dass du mal lernst, was Autorität ist!" Der Kleine: „Das weiß ich doch, das sind die zwei kleinen Kugeln unter deiner Bluse!" Die Schwester erstaunt: „Wie kommst du denn darauf?" Der Kleine: „Ich habe doch gehört, wie Papi gesagt hat, gehe doch nicht immer ohne BH vor den Kindern herum, sonst verlierst du noch die Autorität!"

Der neue Gast ist schon seit zwei Tagen in der Pension. Fragt ihn die Wirtin: „Haben Sie schon ein Bad genommen?" Der Gast: „Wieso, fehlt eins?"

Der Verurteilte sitzt angeschnallt auf dem elektrischen Stuhl. Fragt ihn der Gefängnisdirektor: „Haben Sie noch einen besonderen Wunsch?" Der Verurteilte: „Ja, wenn Sie mir in dieser schweren Stunde die Hand halten könnten!"

Da war noch das hübsche kleine Fräulein, das alles, aber auch wirklich alles für einen Nerzmantel tun würde. Es bekam ihn, nur kann es ihn wegen des dicken Bauches nicht mehr anziehen!"

Ein Barmädchen zum anderen: „Manchmal habe ich alles so richtig satt hier, dann möchte ich in eine andere Stadt ziehen und dort wieder als Jungfrau anfangen!"

Der Oberst besichtigt die Kompanie im Feld. Er bleibt bei der Feldküche stehen und fragt den Unteroffizier: „Was ist denn das für ein Schrank?" Der Unteroffizier: „Das ist ein Fliegenschrank, Herr Oberst!" Klopft der Oberst vorsichtig an das Maschengitter: „Rührt sich nichts, schlafen sicher noch, die Tierchen!"

Die Mutter fragt den Sprössling nach dem Zeugnis. Der Sohn: „Das habe ich dem Roland mitgegeben, der will damit noch seine Eltern erschrecken!"

Müller war wieder stockbetrunken und wacht im Rinnstein auf. Verdutzt schaut er sich um und weiß nicht recht, ob er die Dämmerung des Morgens oder die Dämmerung der Nacht sieht. Als ein Herr vorbeikommt, fragt er: „Entschuldigen Sie, ist dort oben der Mond oder die Sonne?" Der Mann: „Tut mir leid, ich bin nicht von hier!"

Meier wird in ein vornehmes Lokal eingeladen. Als er die Speisekarte studiert, fragt der Ober: „Möchte der Herr als Vorspeise Schnecken oder vielleicht Muscheln?" Meier: „Denken sie, ich bin hergekommen, um ihnen das Ungeziefer wegzuessen!"

Der Pfarrer zu dem jungen Mädchen nach der Beichte: „Du hast ein großes Unrecht getan, deine Unschuld für zwanzig Euro herzugeben!" Flüstert das Mädchen: „Ich weiß. Einen Tag später hätte ich mindestens hundert Euro mehr bekommen!"

Der Zahnarzt schaut sich den schmerzenden Zahn der jungen Patientin an und meint entschlossen: „Tut mir sehr leid, Fräulein, aber der Zahn muss raus!" Das junge Mädchen schlägt die Hände vor das Gesicht und schreit: „Nein, lieber bekomme ich ein Kind!" Der Zahnarzt: „Sie müssen sich entscheiden, wenn Sie ein Kind wollen, muss ich den Stuhl anders hinstellen!"

Der Nachbar kommt in den Stall und findet den Bauern im Stroh liegend. Wundert er sich: „Was machst du denn da?" – „Ich warte schon seit zwei Tagen, dass die verdammte Kuh endlich kalbt!" Der Nachbar kratzt sich an seinem Kopf: „Vielleicht meint die Kuh, sie hätte schon gekalbt, wenn sie dich da so liegen sieht?"

Müller trinkt keinen Alkohol mehr und warnt gleich den Freund: „Wenn du mich besuchen willst, muss ich dir sagen, bei mir kommt kein Tropfen Alkohol auf den Tisch!" Der Freund: „Das lobe ich mir. Ich bin auch ganz behutsam beim Einschenken!"

Der Polizist soll ein Protokoll über den Fahrraddiebstahl aufnehmen. Zuerst fragt er den Bestohlenen: „Wie sah das Fahrzeug denn aus, welche Farbe hatte es?" – „Schwarz!" – „Hatte es eine Klingel?" – „Nein!" – „Hatte es eine zweite Bremse?" – „Nein!" – „Dann müssen Sie zuerst zehn Euro Strafe zahlen!"

Nachwuchs ist angekommen und der kleine Paul wundert sich über den kleinen Schreihals, der sein Bruder sein soll. Die Mutter erklärt ihm: „Der ist ganz plötzlich vom Himmel herunter gefallen!" Der kleine Paul: „Das glaube ich gerne. Die Engel haben den bestimmt hinausgeworfen, weil er so entsetzlich schreit!"

Der Lehrer zeigt den Schülern ein Klappmesser und fragt: „Was ist denn der wichtigste Teil an dem Messer?" Keiner meldet sich und der Lehrer versucht, ein wenig nachzuhelfen. Fragt er den Richard: „Welches Teil des Taschenmessers gebraucht denn dein Vater am meisten?" Richard: „Den Flaschenöffner!"

Der Winzer liegt im Sterben. Seine Familie versammelt sich um das Sterbebett. Der Winzer leise: „Ehe ich das Zeitliche segne, möchte ich euch ein Geheimnis anvertrauen. Wein kann man auch aus Trauben herstellen!"

Die Krankenschwester kommt mit hochrotem Kopf und zerzausten Haaren aus dem Einzelzimmer und nestelt ihre Bluse zu. Fragt der Chefarzt: „Um Himmels willen, ist etwas passiert?" Die Schwester: „Wie kann ich das jetzt schon wissen?"

Der Biologielehrer zu den Schülern: „So, Kinder, heute wollen wir dem Aufklärungsunterricht beginnen!" Meldet sich ein Schüler: „Dürfen diejenigen, die schon Weiber hatten, in dieser Zeit Fußball spielen?"

Beschwert sich der Kunde im Geschäft: „Sie haben gesagt, mit diesem Radio könnte ich alle Sender hören!" Der Verkäufer: „Stimmt es etwa nicht?" Der Kunde: „Doch, aber immer alle zusammen!"

„Na, Emil, was möchtest du werden, wenn du groß bist?" – „Ich frisiere sehr gerne!" – „Damen oder Herren?" –Emil: „Mofas!"

„Kennen Sie eigentlich den 08/15 Beamten?" – „Nein, was tun die denn?" – „Nur Rumsitzen, null Ahnung und mit A 15 bezahlt werden!"

Der Gast kommt an die Hotelbar und fragt den Barkeeper: „Habe ich gestern hier hundert Euro versoffen?" Der Barkeeper: „Ja, mein Herr!" Der Gast: „Gott sei Dank, ich dachte schon, ich hätte sie verloren!"

Der Richter zum Angeklagten: „Vor sechs Jahren standen Sie doch auch schon mal hier wegen Autodiebstahl!" Der Angeklagte: „Stimmt, so ein Auto hält ja nicht ewig!"

Fragt der Vater den kleinen Sohn: „Wer ist denn der dümmste in eurer Klasse?" Der Sohn: „Das kann ich nicht genau sagen. Der Lehrer behauptet immer, von euch ist einer dümmer als der andere!"

Müde kommt der Ehemann von der Arbeit nach Hause und erkundigt sich bei seiner Frau: „Ist das Essen fertig? Was ist mit der Antenne, die vom Dach gefallen ist? Wie ist denn der Kater nach Hause gekommen?" Die Ehefrau: „Angerichtet, aufgerichtet und zugerichtet!"

Zwei Freundinnen unter sich. Die eine: „Dein Verlobter stottert ja!" Die andere: „Das macht nichts, wenn wir verheiratet sind, hat er sowieso nichts mehr zu sagen!"

Der Richter zum Angeklagten: „Sie können wählen zwischen fünftausend Euro oder sechs Monaten Gefängnis!" Der Angeklagte: „Dann nehme ich das Geld, Herr Richter!"

Ein Geistlicher und ein Busfahrer kommen zusammen an der Himmelstür an und Petrus lässt zuerst den Busfahrer hinein. Beschwert sich der Geistliche: „Warum kommt der Busfahrer noch vor mir in den Himmel?" Antwortet Petrus: „Während du gepredigt hast, haben die Leute geschlafen, wenn aber der Busfahrer fuhr, haben die Leute gebetet!"

Die Hausfrau zu ihrem Liebhaber: „Hast du schon mal Staubsauger verkauft, Liebling?" Er: „Nein, noch nie. Wieso?" Die Hausfrau: „Dann fange schon mal gleich damit an, ich höre nämlich meinen Mann im Treppenhaus kommen!"

Die Frau zum Ehemann: „Warum schlägst du plötzlich Salto?" Der Mann: „Ich habe vorhin meine Medizin genommen, aber ich habe vergessen, sie vorher zu schütteln!"

Der Arzt zum Patienten: „Mit diesem Leiden hätten Sie schon viel früher zu mir kommen müssen, nun ist es chronisch!" Der Patient: „Ich war schon mal bei ihnen, Herr Doktor. Damals waren Sie Stabsarzt bei der Bundeswehr und nannten mich als Drückeberger!"

Der junge Ehemann kommt nach Hause und fragt seine Frau: „Was gibt es heute Mittag zum Essen?" Die Frau wirft einen Blick in den Kochtopf und erwidert: „Wenn es so bleibt, bekommen wir Kartoffelbrei, wenn es dünner wird, bekommen wir Kartoffelsuppe und wenn es anbrennt, bekommen wir Kartoffelpuffer!"

Die Neureichen sind unter sich und übertreffen sich mit ihren Prahlereien. Der eine: „Meine Besitzungen sind so groß, wenn ich morgens mit meinem Wagen die Grenzen abfahre, bin ich am späten Abend noch nicht zurück!" Ein anderer: „So eine Mistkarre von Auto hatte ich auch schon!"

Der Einbrecher steigt nachts in eine Wohnung ein. Als der Hausherr aufschreckt, zischt der Einbrecher: „Keinen Laut, ich suche nur Geld!" Der Hausherr: „Moment, ich suche mit!"

Zwei Männer sitzen nervös auf der Wartebank vor dem Kreissaal. Endlich kommt die Schwester, geht auf einen von ihnen zu und gratuliert: „Herzlichen Glückwunsch, Sie haben einen Sohn bekommen!" Darauf erhebt sich der andere Herr empört und schimpft: „Erlauben Sie mal, ich war schon vor ihnen da!"

Eine Dame spricht Egon an: „Warum grüßt du denn nicht?" – „Pardon, ich kenne Sie nicht!" – „Ich bin doch deine Mutter, ich habe mich Liften lassen!" – „Und wer ist der kleine Junge an deiner Hand?" – „Das ist Vati, den haben sie versaut!"

Die Mutter schimpft dem kleinen Sohn: „Schon wieder eine fünf in Betragen auf dem Zeugnis. Was wird nur der Vater sagen, wenn er morgen aus dem Zuchthaus kommt?"

Die Braut wartet mit den Eltern vor dem Standesamt. Als der Bräutigam nicht erscheint, fängt die Braut an zu weinen und stammelt: „Also hat er doch noch die Karten für das Fußballspiel bekommen!"

Die sechszehnjährige Tochter kommt am frühen Morgen nach Hause. Schimpft der Vater: „Du wirst doch nicht mit einem jungen Mann im Bett gewesen sein?" Sie: „Nein!" Der Vater: „Und warum kommst du erst jetzt?" Sie: „Wir mussten noch meine Kleider im Stadtpark suchen!"

Der Ehemann beschwert sich bei seiner Gattin: „Liebling, seit wir verheiratet sind, bist du nur noch zärtlich, wenn du Geld von mir willst?" Sie: „Ja und? Ist das denn nicht genug?"

Der Arzt zum Patienten: „Von diesen Tabletten nehmen Sie heute eine und morgen eine, falls Sie dann noch leben!"

Peter will seinen Hund dressieren. Der Hund soll bellen, wenn er etwas zu fressen haben will. Peter stellt sich vor den Hund und beginnt zu bellen. Dann stellt er ihm den Fressnapf hin. Nach drei Monaten fragt ihn der Freund: „Und? Bellt dein Hund jetzt, wenn er etwas zu fressen haben will?" Peter: „Nein, aber er will jetzt nur noch fressen, wenn ich vorher belle!"

Nach drei Jahren Gefängnis kehrt Ede heim. Seine Frau zeigt ihm das neugeborene Baby. Schimpft Ede: „Wer ist der Vater? Bestimmt mein Freund Richard?" Sie: „Der ist es nicht!" Er: „Dann mein Freund Peter?" Sie: „Der schon gar nicht!" – „Dann muss es mein Freund Werner gewesen sein!" Die Frau wütend: „Jetzt höre aber auf mit diesen dummen Fragen. Glaubst du, ich habe keine Freunde?"

Der Chef böse: „Warum kommen Sie so spät heute?" Der Angestellte: „Weil ich noch die Zeitung gelesen habe. Sie sagten doch gestern, ich solle die Zeitung gefälligst daheim lesen!"

„Was gibt es Neues", fragt ein Freund den anderen. „Ich bin so fertig, meine Frau betrügt mich seit Wochen!" Der andere: „Ich habe gefragt, was es Neues gibt!"

Benno zu seiner Freundin Susi: „Ich schwöre dir, du bist das erste Mädchen das ich je geliebt habe!" – „Das brauchst du nicht zu schwören, das habe ich gemerkt!"

Flaute im Eros-Center. Die blonde Isabella lässt sich von einem Kunden überreden: „Ich heiße Emilio und gebe dir 200 Euro für die ganze Nacht. Du musst kein Wort reden und das Licht kann auch ausbleiben." Der Freier scheint unersättlich zu sein. Im Morgengrauen stöhnt Isabella: „Höre endlich auf, Emilio, ich kann nicht mehr!" – „Was heißt hier Emilio? Der sitzt seit gestern Abend auf der Treppe und verkauft Eintrittskarten!"

„Neulich", erzählt eine Frau ihrem Psychiater, „habe ich meinen Sohn und das Mädchen von nebenan beim Doktorspiel erwischt!" – „Das ist doch nicht ungewöhnlich", lächelt der Psychiater. „Ich wäre da nicht besorgt!" – „Ich bin aber besorgt", entgegnet die Frau. „Genauso wie die Frau meines Sohnes!"

Aus einem Beschwerdebrief: „In Zukunft werde ich nur noch mit dem Herrn Bürgermeister verhandeln, da ich es als Lehrerswitwe unter meiner Würde finde, mich mit den unteren Organen der Polizei zu befassen."

Der Gast ist überaus beeindruckt von der Sauberkeit des Restaurants. Er winkt den Ober zu sich heran und lobt ihn. „Ja, wir sind wirklich stolz darauf", sagt der Ober. „Wissen Sie, der Chef besteht sogar darauf, dass jeder einen Löffel bei sich hat, damit wir unter keinen Umständen die Speisen mit der Hand berühren müssen. Und wir haben sogar einen speziellen faden im Hosenschlitz, damit wir nicht mit dem Penis in Berührung kommen." – „Aber wie kriegen Sie ihn dann in die Hose zurück?" flüstert der beeindruckte Gast. „Ich weiß nicht, wie es die anderen machen. Ich benutze den Löffel!"

Vor der Hochzeit gibt der Vater dem Sohn noch einige Tipps: „Du musst deiner Frau gleich von Anfang an zeigen, wer der Herr im Haus ist, dass du ein richtiger Mann bist und völlig unabhängig." – „Alles klar", sagt der Bräutigam und flattert in die Flitterwochen. Nach der Hochzeitsreise will der Vater wissen, wie es gelaufen ist. „Bestens", sagt der junge Ehemann, „in der ersten Nacht habe ich ihr die Kleider vom Leib gerissen, um zu zeigen, wer der Herr im Hause ist. Dann habe ich mich nackt ausgezogen, um ihr zu beweisen, dass ich ein richtiger Mann bin. Und dann habe ich mich selbst befriedigt, um meine Unabhängigkeit unter Beweis zu stellen!"

Der Schornsteinfeger kommt auf den Hof des Huber Bauern und sagt zur Magd: „Zeigen Sie mal das Aschloch." Da hebt sie den Rock und zeigt im das nackte Hinterteil. Empört sich der Kaminkehrer: „Nein, ich meine das Loch, wo hineingefeuert wird." Da dreht die Magd sich um und hebt den

Rock vorne hoch.

Erinnerst du dich noch an die Waschmaschine, die ich mir vor drei Jahren gekauft habe?" fragt Inge ihre Freundin Elke. „Ich habe sie jetzt wieder verkauft und dreißig Euro mehr bekommen als ich bezahlt habe." - „Ach das ist noch gar nichts", lacht Elke, „erinnerst du dich noch an das französische Bett, das ich mir vor zwei Jahren zugelegt hatte? Ich habe dreihundert Euro dafür bezahlt und bis jetzt damit dreißigtausend Euro verdient."

Auf einer Geschäftsreise durch ein Indianerreservat wird Mister Money von einer bildschönen Squaw angesprochen, die sich ihm für fünfzig Dollar anbietet. „Das ist aber eine schöne Stange Geld", sagt er, „die Insel Manhattan hat nur vierundzwanzig Dollar gekostet." – „Stimmt schon", antwortet die Rothaut, „aber die Insel Manhattan liegt auch nur so da!"

Empört hält die Leiterin eines Mädchenpensionats eine leere Packung hoch und fragt: „Wer raucht denn hier heimlich Blausiegel?"

Der schüchterne Eugen ist mit seinen zwanzig Lenzen noch unberührt. Er beschließt, in einem Bordell herauszufinden, was er bisher so versäumt hat. Schon bald liegt er mit einer Venusdienerin im breiten Doppelbett. Schnell spannt sie, dass der Freier noch gänzlich unerfahren ist, und legt behutsam seine Hand auf ihre Erwerbsquelle. „Ist es das, was du suchst?" fragt sie verführerisch. – „Ich weiß nicht recht, gnädige Frau", antwortet der Kunde unsicher, „ich bin fremd in dieser Gegend!"

„Werden Sie um Hilfe rufen, wenn ich Ihnen den Reißverschluss aufziehe?" – „Wozu? Der geht doch ganz leicht auf."

„Warst du mir auch treu, als ich fort war?" – „Aber ja", strahlt sie, „sogar mehrmals!"

Einige Jahre hatte sie ihre Eltern nicht besucht. Die Wiedersehensfreude war groß. „Gut scheint es dir zu gehen", nickte die Mutter stolz. „Der tolle Wagen, der elegante Pelz – was machst du eigentlich so?" – „Ich bin Vertreterin!" – „Und was vertrittst du so erfolgreich?" – „Nun ja, Ehefrauen, Freundinnen, Geliebte...."

„Weißt du, was das Mädchen zu seinem Freund sagte?" – „Nein." – „Richtig. Weißt du, was das Mädchen zum Freund sagte?" – „Was denn, schon wieder?" – „Richtig. Weißt du, was das Mädchen zum Freund sagte?" – „Das ist nun schon das dritte Mal, jetzt reicht es mir aber." – „Richtig!"

Das junge Paar hat seinen ersten Ehekrach. „Mit dir ist es nicht auszuhalten", brüllt er wütend. „Kein Mann kann mit dir glücklich werden!" – „So", giftet sie zurück, „wie viele Zeugen soll ich dir bringen?"

„Peter, wie viel ist drei mal sechs?" fragt der Lehrer. „Bei mir achtzehn, aber Vati sagt zu Mutti, dreimal sechs wäre zu viel."

Eine Jungverheiratete Frau klingelt bei ihrer Mutter. „Woher hast du das blaue Auge?" fragt diese besorgt. „Mein Mann", schluchzt die Tochter. „Nanu", wundert sich die Mutter, „ich dachte, dein Mann sei vereist?" – „Das dachte ich auch", seufzt die junge Frau.

Die junge Schauspielerin ruft ihren Arzt an: „Kann ich bitte statt heute - morgen kommen?" – „Aus welchem Grund? Geht es Ihnen so schlecht?" – „Das nicht, aber ich war heute schon bei meinem Agenten, um eine Rolle zu ergattern, und dann bei meinem Hauswirt, um die Mieterhöhung rückgängig zu machen. Ich habe einfach keine Lust mehr, mich noch ein drittes Mal auszuziehen!"

Nach zehn Ehejahren gesteht Peter seiner Frau Inge, er habe eine Geliebte. „Rege dich nicht auf Schatz, Klaus und Manfred haben auch eine, und deren Frauen haben sich gut damit abgefunden. Unsere Freundinnen tanzen alle im Ballett eines Kabaretts. Heute Abend gehen wir hin und schauen sie uns an." Abends erklärt er eifrig: Dort links, die Blondine ist Manfreds Mädchen, die in der Mitte gehört Klaus, und die rechts mit den roten Haaren ist die meinige." Inge betrachtet lange und genau die drei Mädchen, bevor sie antwortet: „Weißt du, Liebling, unsere gefällt mir am besten."

Ein verheirateter Student, der bisher der Bartmode huldigte, ließ sich, um seine Frau zu überraschen, den Sauerkohl abnehmen. Als er den dunklen Flur des kleinen Appartements betrat, das sie bewohnten, trat ihm seine Frau entgegen. Wortlos nahm er sie sofort in seine Arme und küsste sie leidenschaftlich. „Nicht wahr", sagte er danach, „ohne Bart wirke ich doch viel jünger?" – „Du lieber Himmel", entfuhr es da der jungen Frau, „das bist ja du!"

Die junge Schauspielerin stellt sich bei einer Verführungsszene sehr ungeschickt an. „Verdammt noch mal!" brüllt der Regisseur. „Das gibt es doch nicht! Haben Sie sich denn noch nie im Leben gegen einen zudringlichen Mann gewehrt?" – „Nein, warum auch?"

Unterhalten sich zwei Freunde. „Fünf Wochen war ich mit meiner Frau in den Flitterwochen, aber ich konnte nicht ein einziges Mal Hand an sie legen." – „Aber wieso denn nicht?" – „Ach", stöhnt der junge Ehemann, „die Schwiegermutter war immer dabei." – „Das verstehe ich nicht", staunt der junge Freund, „wovon ist sie dann schwanger?" – „Du bist aber blöd", ereifert sich der Ehemann, „dazu nehme ich doch nicht die Hände!"

Gespräch unter Freunden: „Wie kann ich meine Frau risikolos umbringen?" – „Ganz einfach. Bumse sie vier Wochen lang pausenlos jede Nacht – das überlebt sie nicht!" Nach gut drei Wochen kommt der Freund, um nachzuschauen. Die Frau, vollbusig und rotwangig, trällert in der Küche ein fröhliches Liedchen, während der Ehemann ein Bild des Jammers bietet. „Na, wie geht es dir?" wird er gefragt. „Danke der Nachfrage", antwortet er müde, „mir geht es einigermaßen. Aber schau dir mal meine Alte an. Sie ahnt noch nicht, dass sie in wenigen Tagen tot ist."

Im Büro gab es eine tolle Geburtstagsfeier. Als Knolle am nächsten Tag zu Hause aufwacht, erinnert er sich nur noch vage an eine Meinungsverschiedenheit mit seinem Chef. „War da was?" fragt er seine Frau vorsichtig. „Ja, du hast zu ihm gesagt, er solle sich zum Teufel scheren." – „Und dann?" – „Hat er dich gefeuert." – „Er kann mich mal!" Darauf die Ehefrau: „Siehst du, das habe ich ihm auch gesagt, und jetzt hast du deinen Job wieder."

Knapp drei Wochen ist es her, dass die süße Inge geheiratet hat, doch schon stöhnt sie verzweifelt: „Herrje – hätte ich doch bloß keinen Fußballspieler geheiratet! Die Brüder sind alle gleich: Hinten fummeln sie rum, vorne kriegen sie nichts rein, und wenn sie mal absteigen sollen, dann wehren sie sich mit Händen und Füßen!"

Der Kapitän der Studenten-Fußballmannschaft geht ins Büro des Sportclubs, um den Trainer zu sprechen. „Würden Sie mir bitte sagen, welches Problem Sie haben?" fragt die hübsche Empfangsdame. „Ich brauche diese Information für die Akten." – „Das ist ziemlich peinlich", stammelt der junge Mann. „Ich habe eine ziemlich starke und fast permanente Erektion!" – „Tja, der Trainer ist sehr beschäftigt heute", meint die Assistentin ungerührt, „aber vielleicht kann ich Sie so zwischendurch reinschieben!"

Zwei Ehefrauen, die sich nicht sonderlich mögen, unterhalten sich. „Nein", sagt die eine, „ich habe nie behauptet, dass dein Mann eine Warze auf dem Penis hat. Ich habe nur gesagt, es fühlt sich manchmal so an!"

Andrea besucht ihren Freund. Sie trägt eine knallrote Bluse und erkundigt sich kokett: „Na, wie gefällt sie dir?" Der Mann ringt die Hände: „Die kann ja einen Stier wild machen!" Da lächelt sie zufrieden: „Das soll sie ja auch!"

„Sie glauben doch wohl nicht, mein Herr, dass Sie mich mit einer Tasse Kaffee erobern können?" – „Herr Ober – bitte ein Kännchen!"

Ein junges Paar kommt ins Restaurant. Der Ober fragt freundlich: „Was wünschen die Herrschaften?" – „Für mich bitte ein Riesenschnitzel", sagt der junge Mann. „Und sie, Fräulein?" – „Ich hätte gern was Kleines." – „Tut mir leid", sagt der Ober, „ich bin hier als Kellner angestellt und nicht als Klapperstorch."

Peter hat sich mit einem noch ziemlich unerfahrenen Mädchen in einer Skihütte einquartiert. Vierzehn Tage will er sich Zeit nehmen, ihr die Wonnen der Liebe beizubringen. In der ersten Nacht haben sie viel Spaß miteinander. Alles okay. Doch als Peter am nächsten Morgen erwacht, sitzt die Kleine weinend im Bett. „Warum weinst du?" fragt er erstaunt. Sie deutet auf seine erschlaffte Manneszier und schluchzt: „Ach, es war doch so schön, und jetzt haben wir schon in der ersten Nacht fast alles kaputtgemacht!"

Inge erwachte gähnend und räkelte sich in ihrem zerwühlten Bett. Sie stand auf, schlüpfte in ein durchsichtiges Negligé, nahm das Tuch vom Papageienkäfig, zog die Rollos hoch und ging in die Küche. Da klingelte das Telefon. „Hallo Inge!" sagte Peter. „Ich bin für zwei Stunden in der Stadt und wollte bei dir vorbeikommen. Bis gleich also, Darling!" Inge legte den Hörer auf, zog die Rollos herunter, deckte den Papageienkäfig zu, schlüpfte aus dem Negligé und legte sich wieder ins Bett. „Verdammt kurzer Tag heute, was?" krächzte der Papagei.

Peter und Klaus stehen im Museum vor der Venus. Es fehlen Nase, ein Ohr und ein Arm. Meint der Peter: „Du, Klaus, die hat sich gewehrt bis zum Schluss!"

Die flotte Inge kommt in die Apotheke und sieht dort eine Waage. Sie wirft einen Groschen in den Schlitz und stellt sich auf die Plattform. Entsetzt schreit sie auf, zieht ihren Mantel aus und wiegt sich aufs Neue. Wieder blankes Entsetzen. Sie wirft Pullover und Schuhe ab – das Ergebnis befriedigt sie nicht. Gerade hat sie den Reißverschluss ihres Rockes geöffnet und kramt nach einen weiteren Groschen, da eilt beflissen der ältere Apotheker mit einer Handvoll Zehner herbei und keucht: „Ab jetzt, mein Fräulein, geht das auf Rechnung des Hauses!"

Der erste Gast wankt morgens in ein Lokal und verlangt einen Kaffee. „Das wird Ihnen jetzt gar nichts nützen", sagt die hübsche Bedienung, „Sie müssen damit anfangen, womit Sie aufgehört haben." – „Okay, Fräulein, haben Sie auf ein Stößchen für mich Zeit?"

Peter will in der Hochzeitsnacht besonders zärtlich sein. „Liebling, ich möchte dich da küssen, wo dich noch nie ein Mann geküsst hat." – „Wenn es denn sein muss", entgegnet das Herzchen, „aber ich bin so schrecklich kitzelig an den Fußsohlen!"

Ein Mann kommt zum Arzt, zieht seine Hose aus und sagt: „Herr Doktor, schauen Sie, ich habe Syphilis in einem ziemlich fortgeschrittenen Stadium. Können Sie mir noch helfen?" – „Bedaure, nein. Aber ich kann Ihnen die Adresse von einem Flötenspieler geben, der zeigt Ihnen, wie sie beim Pinkeln die Löcher zuhalten müssen!"

Ein Mann geht zum Psychiater und erzählt: „Seit Wochen träume ich in der Gurkenfabrik von nichts anderem, als meinen Penis in den Gurkenhobler zu stecken. Gestern hab ich´s endlich getan." – „O Gott, und was geschah dann?" – „Ich wurde fristlos entlassen." – „Und was war mit dem Gurkenhobler?" – „Der wurde natürlich auch gefeuert."

Im Restaurant der FKK-Anlage schimpft ein Gast mit dem nackten Ober: „Mann, reden Sie doch deutlicher!" – „Geht nicht, ich habe den ganzen Mund voll Wechselgeld!"

Der 4-jährige Paul kommt durchnässt nach Hause. „Aber Paulchen", ruft die Mutter, „wieso bist du denn so nass, es hat doch gar nicht geregnet?" – „Wir haben Hund gespielt!" – „Aber davon kann man doch nicht so nass werden!" – „Doch, ich war die ganze Zeit der Laternenpfahl!"

Ein Flugzeug stürzt überm Urwald ab. Nur eine knackige Blondine überlebt, wird aber von den Kannibalen verschleppt. Sagt der Häuptling: „Ich glaube, ich werde morgen im Bett frühstücken!"

„Du Mama, komm schnell, der Papa hat sich auf dem Dachboden erhängt!" Die Mutter rennt hoch: „Wo, Kind, wo?" – „Ätsch, ätsch, er hängt im Keller!"

Es fragte die liebevolle Ehefrau ihren Mann: „Na, mein Schatz, wie fühlst du dich jetzt?" – „Prima. Meine Geilheit ist wie weggeblasen!"

„Ich glaube du liebst mich nicht mehr!" mosert sie ihn an. Er ächzt: „Natürlich liebe ich dich noch. Aber man wird ja schließlich mal zehn Minuten verschnaufen dürfen...!"

„Warum nennt ihr euren Chef denn Blinddarm?" – „Weil er völlig überflüssig und ständig gereizt ist!"

Fragt der Lehrer: „In welcher Schlacht wurde Karl der Kühne getötet?" Antwortet Max: „In seiner letzten, Herr Lehrer!"

Während der Trauung vergisst der Bräutigam, den Ring herauszuholen. Der Pfarrer deutet mit einer Geste an, wie man einen Ring an den Finger steckt. Sagt der Bräutigam: „Aber Hochwürden, doch nicht hier vor allen Leuten!"

„Ich weiß genau, du hast mit meiner Freundin geschlafen. Dafür wirst du bezahlen!" – „Blödsinn, ich zahle doch nicht zweimal!"

Immer wenn du Lust hast, ziehst du einfach zwei oder dreimal an meinem besten Stück...!" „Und wenn ich keine Lust habe?" – „Dann ziehst du 50 bis 60 mal...!"

Jupp aus Köln sagt zu seinem Freund: „Ich fahre jede Woche mehrmals in die Heide!" – „Das kostet dich doch wahnsinnig viel Zeit und Geld!" – „Quatsch, die Heide macht's rasch und umsonst!"

Eine Ameise flaniert über die Wiese und wird von einem Kuhfladen getroffen. Zwei Stunden dauert es, bis sie sich endlich herausgewühlt hat. Lauthals flucht die Ameise: „Mistdreck, genau ins Auge!"

Swenja schimpft in der U-Bahn: „He, drängen sie doch nicht so! Sie zerdrücken mir ja die Brust!" – „Ach was. Das hängt sich schon wieder aus!"

Was heißt Jungfrau auf Chinesisch? – Muschizu!

Der Bischof inspiziert die Landpfarrei. Zum Schluss ist das Schlafzimmer des Priesters dran. Da sieht der Bischof ein Doppelbett, das durch ein Brett geteilt ist. Auf ein Stirnrunzeln erklärt der Pfarrer: „Rechts schlafe ich, links meine Haushälterin!" Der Bischof entsetzt: „Und wenn nun die Versuchung über dich kommt, mein Sohn?" – „Kein Problem, dann nehmen wir das Brett weg!"

Auf was wartet eine Ostfriesin nackt am Strand: Ganz einfach, auf eine Seezunge.

Jenny trifft im Hallenbad einen Freund, den sie lange nicht gesehen hat. „Super, Jenny, können wir uns nicht mal in der Disco treffen?" – „Warum in der Disco? Ich habe eine Wohnung, komm zu mir!" – „Okay, das ist ja noch geiler!" _ „Okay, aber jetzt verschwind erst mal ins tiefe Wasser, es muss nicht jeder sehen, wie sehr du dich freust!"

„He, Oliver, kommst du mit Porno Hefte kaufen?" – „Ich kaufe keine, ich kann sie von meinem Vater leihen!" – „Dein Vater kauft Porno Hefte?" – „Nein, der ist Lehrer und beschlagnahmt sie!"

„War es sehr schlimm?" fragt der besorgte Ehemann seine Frau nach der Entbindung. „Zwölf Stunden hat es gedauert und dann mussten sie mich noch zunähen!" – „Um Gottes willen", stammelt der junge Vater. Da lächelt sie: „Aber nicht ganz, Liebling!"

„Silke, warum gehst du eigentlich nur noch mit Negern ins Bett?" – „Ganz einfach: Wer einmal Schwarzwurzeln gegessen hat, mag keinen Spargel mehr!"

Elke in der Mittagszeit: „Mein Liebling, mein Schnuckiputzi, was willst du denn essen?" Staunt der Ehemann: „Was bist du denn auf einmal so freundlich zu mir?" – „Halts Maul Egon, ich rede mit dem Hund!"

Auf einer Polizeiwache in Ostfriesland: Kommissar zum Angeklagten: „Jetzt sag mir endlich den Namen von deinem Komplizen!" – „Du spinnst wohl, Ich werde doch nicht meinen eigenen Bruder verpfeifen!"

Zwei Kumpels am Tresen. Meint einer: „Ich habe neulich aus Versehen eine Viagra in die Toilette geschmissen!" – „Und?" – „Jetzt geht der Deckel nicht mehr zu!"

„Nanu, Herr Meier, sie sind ja grün und blau im Gesicht, wie kommt denn das?" – „Ganz einfach, meine Frau hatte gestern Abend einen Schlaganfall!"

Im Klo ist eine Anleitung zum Pinkeln: 1. Hose runter, 2. rausholen, 3. Vorhaut zurückschieben, 4. pinkeln, 5. Vorhaut vorschieben, 6. Hose zu! Ein Mann geht aufs Klo und zählt leise mit:! 1,2,3,4,5,3,5,3,5..."

Eine Frau beim Arzt: „Immer wenn ich eine Zigarette rauche, will ich Sex!" – „Ganz ruhig, setzen wir uns erst mal und rauchen eine!"

Eine Frau ist am Strand bis zum Hals in Sand eingegraben und ruft um Hilfe. Ein Mann buddelt sie aus. Sagt sie: „Du hast einen Wunsch frei!" – „Was ist denn drin?" – „Vorerst noch Sand!"

„Wieso spielt die Damenmannschaft oben ohne?" – „Sie macht Trikot Werbung für ein Pornokino!"

In Ostfriesland ist es zum tragischen Flugzeugabsturz gekommen. Eine Einmotorige Sportmaschine ist auf den Hauptfriedhof gestürzt. Es wurden bereits über 300 Tote geborgen.

Das Rote Kreuz schickt Schuhe nach Polen. Sie kamen zurück, mit dem Vermerk: „Sorry, das sind Arbeitsschuhe!"

Zwei Lesben treffen sich in der Pause. Fragt die eine: „Was hast du heute zum Essen dabei?" – „Eine Gurke. Willst du was abhaben?" – „Nee, lass mal stecken...!"

2 Prostituierte stehen im Winter in der Kälte. Plötzlich sehen sie einen Freier kommen. Das sagt die eine: „Mensch, der sieht aber blöd aus." – „Egal", meint die andere, „Hauptsache wir kriegen was Warmes in den Bauch!"

„Sie haben eine sehr ansteckende Krankheit. Sie bekommen ab jetzt nur

Kartoffelpuffer und Spiegeleier zu essen." – „Wird ich davon denn wieder gesund?" – „Nein, aber das ist das einzige, was sich unter der Tür durchschieben lässt!"

Der Doktor sagt seinem Patienten, er habe eine sehr schwere Krankheit. Zur Behandlung werde er Moorbäder verordnen. „Das hilft?" – „Das nicht, aber sie gewöhnen sich schon einmal an die feuchte Erde!"

„Herr Doktor, bitte helfen sie mir, mein Penis ist zu lang, können sie den kürzen? Der schleift immer so auf dem Boden." Bei der Untersuchung kommt die Schwester ins Zimmer. „Herr Doktor, warum verlängern sie dem Mann nicht einfach die Beine?"

Fragt der junge Hahn seinen Vater: „Wie ist es, wenn man ein Ei bleibt?" – „Vergiss es, du brauchst sieben Minuten, um hart zu werden, und die einzige Frau, die auf dir sitzt, ist deine Mutter!"

Der Henker führt den Verbrecher zur Hinrichtung. „Scheiß Regen ist das!" – „Was maulst du, ich muss den ganzen Weg noch zurück!"

Das Rettungsfloß landet auf einer Jungferninsel. „Und was nun?" fragt das junge Mädchen. „Ist doch klar" erwidert der junge Mann: „Als erstes ändern wir den Namen dieser blöden Insel!"

Der eifersüchtige Max schäumt vor Wut: „Ich habe gesehen, wie dich heute jemand geküsst hat! War es der Postbote oder der Pizza Lieferant?" Sie zuckt zusammen: „War es um 10 oder um 12 Uhr?"

Ein Mann sitzt im Gefängnis weil er mit vier Frauen verheiratet war. Fragt sein Zellengenosse: „Sitzt du hier zur Strafe oder zur Erholung?"

Skatspielerin Paula kriegt vor der Geburt eine Narkose. Sie zählt bis 10, dann wird es sprunghaft wie beim Skat: 18, 20, 22, 23, usw. Bei 40 ist sie eingeschlummert. Als sie aufwacht, fragt sie: „Herr Doktor, wie steht es?" – „Sie hätten ruhig weiterreizen können, denn es waren 2 Buben drin...!"

Gepäckmarsch beim Bund. Der Spieß fragt: „Schulz, in welche Richtung marschieren wir?" – „Nach Süden!" – „Woran merken sie das?" – „Ich fange an zu schwitzen!"

Der Mann nach der Hochzeitsnacht zur Frau: „Jetzt sind wir für immer verbunden." Darauf sie: „Kein Wunder, wie das Zeug klebt!"

„Paul, wo hast du so traumhaft küssen gelernt?" – „In meinem Sportverein. Ich blase dort schon seit 3 Jahren die Fußbälle auf!"

„Herr Doktor, ich habe Komplexe wegen meiner großen Oberweite. Können sie mir nicht helfen?" – „Natürlich. Ich werde die Sache sofort in die Hand nehmen!"

Anruf bei der Polizei: „Helfen sie mir, man hat aus meinem Wagen Lenkrad, Handbremse und Armaturenbrett geklaut!" Minuten später meldet sich der Streifenwagen: „Hat sich erledigt. Der Kerl ist besoffen und sitzt auf dem Rücksitz!"

„Hast du deiner Freundin schon mal die Meinung gesagt?" – „Klar! Willst du mal die Narbe sehen?"

Max: „Was hast du da unten?" Gabi: „Einen zweiten Mund, aber was hast du denn da unten?" Max: Einen 3. Daumen." – „Los, wir spielen Daumenlutschen!"

Zwei Freunde unterhalten sich unter der Dusche, sagt der eine: „Warum hast du dich unten eigentlich rasiert?" – „Ganz einfach, wenn er nicht stehen will, dann soll er auch nicht weich liegen...!"

„Warum trägst du denn immer ein Bild einer Fußballmannschaft mit dir rum?" – „Hast du etwa kein Bild vom Vater deines Kindes bei dir?"

Ein Deutscher und ein Öl-Scheich auf der Entbindungsstation. „Na, welches ist ihr Kind?" fragt der Deutsche. Meint der Scheich stolz: „Die beiden hinteren Reihen!"

Der Hotelwirt schaut nach dem Hochzeitspaar, das 3 Tage schon 3 Tage nichts mehr gegessen hat. „Wir leben von den Früchten der Liebe", flötet die junge Frau. „Ach so. Dann werft aber die Schalen nicht aus dem Fenster. Meine Hühner laufen nämlich alle schon mit Gummistiefeln rum!"

„Also Mami, das mit der Befruchtung habe ich jetzt verstanden. Das Sperma dringt ins Ei ein und dadurch entsteht ein neuer Mensch. Wie kommt aber das Sperma dorthin? Musst du das schlucken?" Papi im Hintergrund: „Nein, nur wenn sie ein neues Kleid will!"

Die junge Ehefrau zu ihrem Mann: „Peter, was bedeuten diese 200.- Euro für „Miezen" in deinem Scheckbuch? Du fütterst doch nicht etwa streunende Katzen?"

Zwei schwarzhaarige Freundinnen unterhalten sich: „Gestern bin ich nach allen Regeln der Kunst vernascht worden!" – „So? Von wem denn?" – „Das sage ich keinem! Und schon gar nicht seiner Frau!"

Rudi gibt vor seinem Kumpel an: „Stell dir vor, zu Hause habe ich Liebesbriefe in 6 verschiedenen Sprachen!" – „Na und", meint Klaus, „ich zahle Alimente in acht verschiedenen Währungen!"

Das frisch verliebte Paar macht es in den Dünen. In höchster Ekstase sagt sie zu ihm: „Bitte Schatz, mache es mir doch noch einmal mit deinem Panierten!"

Meint die Stripperin zum Barkeeper: „Mensch, was bin ich müde. Wen ich nach Hause komme, ziehe ich mir etwas an und gehe sofort ins Bett!"

Fragt der Freund: „Wie war die Party?" – „Zum Schluss war ich so besoffen, dass ich sogar mit meiner Freundin ins Bett gegangen bin...!"

Die Oberin geht durchs Kloster und sieht mehrere Nonnen nackt auf der Heizung sitzen. Erstaunt fragt sie nach dem Grund. Antwortet eine: „Na, der Monteur hat gesagt, die Heizung leckt!"

Ein Mann kommt in eine Zoohandlung und sagt: „Ich brauche 18 Spinnen, 45 Kellerasseln und 34 Kakerlaken." – „Ja, was wollen sie denn mit dem ganzen Ungeziefer?" – „Meine Vormieterin sagte, ich solle die Wohnung so verlassen, wie ich sie beim Einzug vorgefunden hätte."

Treffen sich zwei Blondinen in der Kneipe. „Du ich habe gestern einen Schwangerschaftstest gemacht!" – „Und, waren die Fragen schwer?"

Splitternacht öffnet die Ehefrau ihrem Mann die Wohnungstür und faucht ihn enttäuscht an: „Seit wann klingelst du Vollidiot wie der Briefträger?"

„Hast du dich im Urlaub schön erholt?" – „Ja, aber erst in der zweiten Woche, da hatte meine Frau einen Sonnenbrand auf der Zunge!"

Zwei Goldfische im halb vollem Glas. Sagt sie zu ihm: „Wegen deiner ständigen Sauferei werden wir hier noch verrecken!"

Ein Mädchen im Museum. Auf dem 1. Bild ist ein verbranntes Brot, auf dem 2. eine Frau mit Kind, auf dem 3. ein Ertrunkener. Fragt sie den Wächter, was die Bilder bedeuten. Er: „Alles zu spät rausgezogen!"

„Angeklagter, wo waren sie in der fraglichen Nacht?" – „Im Bett!" – „Zeugen?" – „Nein, meine Frau nimmt die Pille!"

Zwei Jungs spielen mit der Schrotflinte rum. Einer schaut vorne ins Rohr, der andere spielt hinten am Abzug rum. Plötzlich löst sich ein Schuss. Der vorm Rohr hat ein total zerfetztes Gesicht. Meint der hintere: „Schau doch nicht so, ich habe mich ja auch erschreckt!"

Erkundigt sich die Mutter: „Seid ihr in der Schule schon aufgeklärt worden?" – „Ja, antwortet die Tochter, „was willst du denn wissen!"
Neulich im Kindergarten: Max: „Meine Schwester kann einen Kronleuchter in den Mund nehmen!" – „Das glaub ich nicht!" – „Doch! Sie hat zu ihrem Freund gesagt; Wenn du den Kronleuchter ausmachst, dann nehme ich ihn in den Mund!"

Was macht ein Mann, wenn er die Hand in der Hosentasche hat? Antwort: Ein EKG – Eier-Kontroll-Griff!

Ein Vertreter bemühte sich einen Bauern ein Auto aufzuschwatzen. „Stellen sie sich vor, wie albern es aussehen würde, wenn sie auf ihrer Kuh in der Stadt angeritten kämen!" – „Auch nicht alberner, als wenn ich versuchte, das Auto zu melken!"

Zwei Spatzen treffen sich frühmorgens in der Dachrinne. Der eine ist ganz zerrupft und kann kaum noch aus den Augen schauen. „Was ist denn mit dir los?" fragt der andere. „Ach", antwortet der Zerrupfte, „weißt du, ich habe die ganze Nacht gemenscht!"

Ein Inder kommt zum Rechtsanwalt und will die Scheidung. Nach dem Grund befragt, erwidert er: „Sahib, wenn ich Reis pflanze, ernte ich Reis. Wenn ich Mango-Blumen setze, ernte ich Mango, wenn ich aber Inder säe und Chinesen ernte, ist das wohl ein Grund!"

Frau Mägerlein beim Metzger. „Ich habe gehört, dass sie Nachwuchs bekommen haben. Was ist es denn, ein Sohn?" – „Ja, nickt der Metzger stolz. „Wie viel wiegt er denn?" – „Sieben Pfund ohne Knochen!"

Am Freitagabend kommt Georg nach Hause und riecht frisch gebackenen Kuchen. Als er probieren will, sagt Roswitha zu ihm: „Nichts da, mein Schatz, der bleibt stehen bis Sonntag." Nachts im Bett will sie zärtlich werden. Knurrt er: „Nichts da, mein Schatz, der bleibt stehen bis Sonntag!"

Die siebzehnjährige Tochter kommt von der Party nach Hause und sagt: „Mami, du hast doch immer behauptet, dass die Liebe durch den Magen geht." – „Ja, mein Kind, warum?" – „Der Paul hat heute bei mir einen viel tolleren Weg entdeckt!"

Die achtzehnjährige Susi geht zur Eheberatung und schildert ihren Fall: „Ein sechzigjähriger Millionär will mich heiraten. Er behauptet, ich hätte es gut bei ihm. Soll ich ihm glauben?" – „Gut haben sie es bestimmt bei ihm – aber wahrscheinlich selten!"

Beate zu ihrer Mutter: „Manfred möchte schon vor der Ehe mit mir schlafen. Obwohl ich dagegen bin, bleibt er hart. Was soll ich tun?" – „Weich werden, solange er hart bleibt!"

Michael hat zum ersten Mal in der Schule Sexualkunde Unterricht gehabt. Mittags kommt er nach Hause, schaut seine Eltern verächtlich an und meint: „Ich weiß jetzt Bescheid, ihr Ferkel!"

Scharf nachgedacht: Wie kriegen die Ostfriesen ihre Pflaumen blau? Sie würgen die Bäume.

Die Vegetarierin ruft ihre Familie zum Essen: „Kommt schnell, das Essen wird welk!"

Paul will auf einer Party mit einer Schönen flirten, aber sie zeigt ihm die kalte Schulter. Schließlich faucht sie ihn an: „Sie können mich mal." Lacht Paul: „Mehr will ich ja auch gar nicht!"

Opa, was hättest du lieber, ein Mädchen oder ein Sahnebonbon?" – „Was soll die dumme Fragerei? Du weißt doch, dass ich keine Zähne mehr habe!"

Ein junger Hirsch trinkt am Baggersee, betrachtet sein Spiegelbild im klarem Wasser und meint: „Ich bin der König des Waldes!" Stapft ein großer Bär heran und brummt: „Was hast du eben gesagt?" – „Ach Gott, man redet viel, wenn man getrunken hat!"

Herr und Frau Job verreisen. Der Hotelportier schau ihn misstrauisch an und fragt: „Wie können sie mir beweisen, dass diese Dame ihre Ehefrau ist?" – „Wenn sie mir beweisen, dass sie es nicht ist, würde ich mich sehr erkenntlich zeigen!"

Scharf nachgedacht: Was ist der Unterschied zwischen einem Sträfling und einem Ehemann?" Der Sträfling kann wegen guter Führung vorzeitig entlassen werden!

Beim Examen präsentiert der Professor der Medizinstudentin ein Skelett und fragt: „Welches Geschlecht könnte dieses Becken seinerzeit beherbergt haben?" – „Ein männliches." – „Nun, ab und zu sicherlich...!"

Frau Neubert hat ihr vierzehntes Kind bekommen. Ihr Mann meldet es dem Pfarrer zur Taufe an. „Nanu, Herr Neubert, schon wieder?" Er: „In der Bibel steht: Seid fruchtbar und mehret euch!" Pfarrer: „Ja, stimmt, Herr Neubert, aber das war doch nicht allein für sie gedacht!"

Karlchen erzählt in der Schule: „Wir wohnen jetzt in einem neuen Haus. Ich habe ein eigenes Zimmer, meine Schwester hat auch eins, ist doch toll, was? Nur mein Vati muss immer noch bei meiner Mutti schlafen..!"

Der Leiter der Irrenanstalt sagt zu einem Insassen: „Nächste Woche werden sie entlassen, dann können sie zu ihrer Frau zurückkehren." – „Sie halten mich wohl immer noch für verrückt, was!"

Der Soldat wird von seiner neuen Flamme gefragt: Wer sagt dir, dass ich mich so einfach flachlegen lasse?" – „Die dritte Kompanie!"

Es klingelt an der Wohnungstür. Herr Rumpelstilz öffnet, da steht eine hochschwangere Frau vor ihm und sagt: „Ich war vor einigen Monaten die Sexualkundelehrerin ihres Sohnes. Ist er zu Hause?"

Dupont sagt zu seinem Chauffeur: „Meine Sekretärin ist in der Liebe genauso langweilig wie meine Frau." Meint er: „Ja, das ist mir auch schon aufgefallen!"

Die Tochter kommt ins Internat. Nach vier Wochen schreibt sie ihre Eltern: „Es gefällt mir gut, auch das Essen ist prima. Wenn die Waage am Bahnhof stimmt, wiege ich nackt schon 52 Kilo!"

Ein altes Mütterchen schaut sich hilflos im Weinregal eines Supermarktes um. Fragt eine Verkäuferin! „Kann ich ihnen vielleicht helfen?" Meint die Alte: „Ich weiß nicht, wie hieß doch noch gleich, Mathias Müller oder Hähnlein Brillant, so´n Prickelzeug jedenfalls. Als mein Mann neulich drei Gläser davon getrunken hatte, sagte er zu mir: „Auf ins Bett, Brischitt Bardoh!"

Carolus kommt abends nach Hause und geht sofort ins Schlafzimmer. Da richtet sich ein fremder Mann im Ehebett auf und flüstert: „Pst, ihre Frau schläft schon. Sie hat ein paar anstrengende Stunden hinter sich!"

„Fräulein Hitzig, haben sie nicht gestern auf der Party im Bikini auf dem Tisch getanzt?" – „Mann, sie müssen aber früh gegangen sein!"

Das ältliche Fräulein Rehfuß kauft sich vier Hennen für ihren Garten und sagt zum Züchter: „Liefern sie mir auch bitte gleich vier Hähne mit." – „Wieso denn vier. Einer reicht doch völlig." Seufzt sie: „O nein, ich weiß, was es heißt, immer warten zu müssen!"

Paul nimmt ein junges Mädchen auf seinem Motorrad mit. In einer Kurve kommt er ins Schleudern und beide fliegen ins Gebüsch. Faucht sie: „Das hätten sie auch einfacher haben können!"

Zwei Stammtischkollegen unterhalten sich. Der eine: "Wann hast du eigentlich deine Frau kennen gelernt?" Der andere: "Gleich nach den Flitterwochen!"

Christel sagt zu ihren Kolleginnen: „Wenn mein neuer Freund mich liebt, flüstert er immer ins Ohr. Du hast die süßeste Muschi der Welt." Rufen die wie aus einem Mund: „Das kann doch nur der Manfred sein!"

Ein Paar fragt im Hotel nach einem Doppelzimmer. Fragt der Portier kritisch: „Sind sie denn verheiratet?" Strahlt sie: „Aber la. Er seit vier Jahren und ich seit drei Monaten!"

Uli seufzt aus den zerwühlten Kissen: „Karin, ich liebe dich ganz schrecklich." Meint sie kühl: „Ich weiß, aber ich werde dir schon noch beibringen, wie man's richtig macht!"

Die Familie sitzt beim Abendessen, da klingelt das Telefon. Der kleine Sohn geht ran, meldet sich, lauscht und kräht dann los: „Papi du hattest recht, es ist dein Chef, das alte Arschloch!"

Frau Droste hat einen freizügigen Roman geschrieben und schickt ihn an einen Verlag. Nach zwei Wochen ruft der Lektor bei ihr an: Tut mir leid, das Buch können wir wegen seiner Zweideutigkeit nicht bringen." Meint Frau Droste enttäuscht: „Jetzt schicken sie mir das Manuskript wohl zurück?" – „Nein, ich bringe es heute Abend selbst vorbei!"

Fünfhundert Arbeitslose machen eine Demonstration. Geht ein Fabrikbesitzer auf einen zu und sagt: Sie können schon morgen bei mir anfangen." Empört sich der: „Warum ausgerechnet ich? Hier sind doch noch 499 andere!"

Playboy-Spruch: Vielen Mädchen muss man solange den Hof machen, bis man an ihr Gärtchen kommt.

Beim Essen sagt ein Kannibale zum anderen: „Magst du eigentlich deine Frau?" – „O ja, sehr." – „Na, dann lang mal kräftig zu!"

Der junge Vater sagt stolz zu seinem Gast: „Das ist mein Jüngster. Was glauben sie wohl, wem er ähnlich sieht?" – „Keine Ahnung. Ich kenne doch niemanden hier in der Stadt!"

In Russland wird ein Schüler von seinem Lehrer gefragt: „Wie groß ist unsere Partei?" – „1,40 Meter." – „Wie kommst du denn darauf?" – „Immer wenn mein Vater von einer Versammlung kommt, hält er die Hand an seinen Hals und sagt; Die Partei steht ihm bis hierher!"

Paul trifft seine heimliche Liebe auf der Straße und meint zu ihr: „Fräulein Gaby, von ihnen sieht man ja gar nichts mehr." – „Mein Kleid mit dem tiefen Ausschnitt ist in der Reinigung!"

Im Hof des Zuchthauses fragt ein Ganove einen anderen: „Warum bist du denn hier?" – „Ich wollte meine Frau einäschern lassen." – „Na und?" – „Sie war leider noch nicht ganz tot!"

Aufgeregt kommt die Frau des Schotten zu ihrem Mann gelaufen: „Stell dir vor, unsere Tochter sitzt auf dem Schoß ihres Freundes, und die beiden haben das Licht im Wohnzimmer ausgemacht." – „Gefällt mir, der Junge. Spart Strom und benutzt nur einen Stuhl!"

Der Professor zeigt dem Medizinstudenten einen Menschenschädel und fragt: „Was meinen sie, stammt er von einem Mann oder einer Frau?" – „Von einer Frau." – „Woraus schließen sie das?" – „Na, bei dem ausgeleierten Unterkiefer!"

Jürgen stürzt morgens in ein Bordell und fragt: „Habe ich gestern Abend hier dreihundert Euro verhurt?" Grinst der Mixer: „Ja." – „Na Gott sei Dank. Ich dachte schon, ich hätte das Geld verloren!"

Ein Hahn wuchtet ein riesiges Straußenei in den Hühnerstall und kräht zornig: „Meine Damen, schauen sie sich mal an, was anderswo geleistet wird!"

Eine alte Jungfer kommt ins Fundbüro und sagt: „Ich habe unter meinem Bett einen Mann gefunden. Wenn sie niemand meldet, darf ich ihn dann behalten?"

Der kleine Indianerjunge fragt seine Mutter: „Warum heißt meine kleine Schwester ´Untergehende Sonne´?" – „Weil sie in der Abenddämmerung gezeugt wurde." – „Und warum heißt meine große Schwester `Blaue Blume`?" – „Weil die zwischen Kornblumen gezeugt wurde. Aber warum fragst du mich das alles ´Rücksitz des Schrottwagens´!"

Der Vater fragt entsetzt seine fünfzehnjährige Tochter: „Warum liegt denn die Mami bewusstlos am Boden?" – „Selber schuld, was hat sie auch in meinem Tagebuch zu lesen?"

Mami. Ich möchte nicht mehr in die Schule gehen. Die Mädchen kichern über mich und die Lehrer können mich auch nicht leiden." – „Das hilft doch nichts, mein Junge, du bist nun mal der Rektor!"

Die Pensionats Schülerinnen sind mit dem Fahrrad unterwegs, als es leicht zu regnen beginnt. Ruft die eine der anderen zu: „Ich fühle schon die ersten Tropfen kommen." Darauf die andere: „Ich auch, das muss am

Kopfsteinpflaster liegen!"

Herr Pitsch ruft bei seinem Tierarzt an: „Herr Doktor, meine Frau kommt gleich mit unserer alten Katze vorbei. Geben sie ihr bitte eine Spritze, damit sie schmerzlos einschläft." – „Gut, aber findet dann ihre Katze allein nach Hause?"

Das Schiff hat nach langer Seereise im Hafen festgemacht, und alle Matrosen eilen schnurstracks von Bord, bis auf einen. Fragt ihn der Kapitän: „Nanu, sind sie etwa der einzige, der hier keine Frau hat?" – „Im Gegenteil, ich bin der einzige, der hier eine hat!"

Rainer ist seit drei Monaten verheiratet und berichtet dem Elmar: „Meine Frau macht mich noch wahnsinnig. Morgens will sie Liebe, mittags will sie Liebe, nachts will sie Liebe...." „Macht es denn wenigstens Spaß?" – „Keine Ahnung, ich habe es ja noch nie probiert!"

Am FKK Strand begegnet Gudrun Manfred und meint begeistert: „Phantastisch. Versehentlich noch nie draufgetreten?"

Nachtgebet einer dreißigjährigen Jungfer: „Lieber Gott, ich will gar nichts für mich, aber gib meiner armen Mutter endlich einen Gutaussehenden Schwiegersohn!"

Elmar seufzt am Stammtisch: „Hoffentlich fällt meine Frau morgen durch die Fahrprüfung, sonst wird es lebensgefährlich!" – „Wieso?" – „Sie schließt beim Verkehr immer die Augen!"

Manfred was gefällt dir an einer Frau besser: ein großer oder ein kleiner Busen?" – „Ganz egal, Hauptsache, er ist da, wo er hingehört: in meiner Hand!"

Das Nachtgebet der flotten Susi: „Heilige Jungfrau Maria, die du empfangen hast ohne zu sündigen, gib, dass ich sündige ohne zu empfangen!"

Uli ruft seinen besten Freund an und meint: „Gib doch zu, dass du meine Frau noch immer liebst." – „Aber nein, sie ist schon vor zehn Minuten gegangen!"

Der Hautarzt sagt zu Bärbel: „Sie sollten sich mit ihren ständig wechselnden Bekanntschaften etwas vorsehen." – „Ach, Herr Doktor, für mich war es noch nie interessant, wie viele Männer in meinem Leben waren. Ich wollte immer nur wissen, wie viel Leben in meinen Männern war!"

Das kleine Holzwürmchen jammert: „Mami. Teak ist so hart." – „Iss nur, Kind, das ist gut für die Zähne!"

Scharf nachgedacht: Woraus besteht eine kinderlose Ehe? Aus Spaßvögeln.

„Mutti", sagt die kleine Monika, „ich glaube, der Papi weiß nicht, dass mich der Storch gebracht hat. Immer wieder sagt er: - „Der Kuckuck mag wissen, wo die her ist!"

Bei Gudrun klingelt das Telefon und eine männliche Stimme fragt: „Hättest du Lust, heute Abend mit mir zu schlafen?" – „Sehr gern, wer spricht denn da?"

Ein italienischer Gastarbeiter spricht ein Strichmännchen an: „Brauchen ich Liebe, was kosten?" – „Fünfzig Euro." – „Brutto oder netto?" – „Was soll das bedeuten?" – „Ich lernen in Fabrik, brutto ist mit Tüte, netto ohne!"

„Liebling, was für schweinische Aufnahmen hast du gemacht, dass du sie im Dunkeln entwickeln musst?"

„Liebster, der Einbrecher hat alles genommen und mich sogar dreimal!"

Fräulein Fröhlich zum Arzt; „Herr Doktor, ich fürchte, mein Wurmfortsatz muss raus." Der Arzt untersucht sie gründlich, Dann meint er schmunzelnd: „Wenn sie noch sechs Monate Geduld haben, dann kommt das Würmchen von ganz allein heraus."

Direktor Molch trommelt mit seinem Mittelfinger nervös auf die Schreibtischplatte, während er seiner Sekretärin einen Brief diktiert. „Sind sie nervös, Chef?! Fragt sie. – „Nein," erwidert er, „aber ich pflege stets anzuklopfen, wenn ich irgendwo hinein will."

Das schwäbische Ehepaar besucht ein französisches Schloss. Der

Museumsführer: "In dem Bett haben sogar Napoleon, Wilhelm der Zweite und die Dubarry geschlafen!" Schüttelt die Ehefrau missbilligend den Kopf: "Schlafen die alle in einem Bett und wollen feine Leute sein!"

Beim Wettlauf um einen Sitzplatz in der Straßenbahn zieht einer von zwei Männern den Kürzeren. Der eine erbost: "Wie alt sind sie eigentlich, Sie Männeken?" Der andere: "Dreiundvierzig!" Der Stehende: "Glauben Sie, dass Sie dann nicht auf ihren eigenen Füssen stehen können?"

"Meine Frau will sich wegen seelischer Grausamkeit scheiden lassen! Dabei bin ich doch so nett zu ihr und bringe ihr sogar den Kaffee ans Bett. Sie braucht ihn nur noch zu mahlen!"

Der Arbeitskollege macht seinen Freund darauf aufmerksam, dass ihn seine Frau mit einem Bekannten betrüge. Der Mann überzeugt sich von der Wahrheit und sieht durch das Fenster hindurch, wie sich beide auf der Couch lieben. Einen Tag ist er schlecht gelaunt, doch dann kommt er strahlend ins Büro. Fragt ihn der Freund: "Hast du ihnen den Marsch geblasen?" Der Arbeitskollege: "Das nicht, aber ich habe ihre Couch verkauft!"

Der Kunde beim Tierhändler: "Sie haben mir einen Köter von Hund als Wachhund verkauft. Gestern brach bei mir jemand ein und stahl tausend Euro und dieses Mistvieh hat keinen Ton von sich gegeben!" Der Tierhändler: "Lieber Herr, dieser Hund war vorher in einem hochherrschaftlichen Haus bei sehr reichen Leuten. Auf so kleine Summen spricht der gar nicht an!"

Fünfundzwanzig Jahre lang waren meine Frau und ich sehr glücklich!", erzählt der Mann an der Bar. "Was passiert dann?", fragt der Barkeeper gespannt. "Dann lernten wir uns kennen und heirateten!"

Lehmann kommt aus der Kneipe und schaut sich irritiert um. Es regnet und der Asphalt glänzt. Er glaubt, Wasser vor sich zu haben und legt seine Jacke ab. Dann will er sich mit einem Sprung in dem vermeintlichen Wasser erfrischen und knallt auf den harten Asphalt. Schimpft er wütend: "Verdammt, ich wusste nicht, dass das Wasser gefroren ist!"

Erkundigt sich der Bewerber: "Suchen Sie einen Kassierer?" Der Personalchef: "Ja, einen neuen und einen alten!"

Erstaunt fragt der Chef des Hotels den Hotelpagen: "Wieso putzt du die Schuhe so dicht an der Tür?" Der Page: "Sie gehören einem Schotten und er hält sie von drinnen an den Schnürsenkeln fest!"

Der Freund holt die junge Frau ab. Die Mutter ruft hinterher: "Kind, sei vorsichtig, wenn er fährt!" Der Vater: "Sie soll vorsichtig sein, wenn er hält!"

"Meine Frau betrügt sich neuerdings sportlich und vor einer Woche sprang sie im Weitsprung sogar über drei Meter!"
Ein anderer: "Das ist doch nichts. Meine Frau unternahm vor drei Wochen einen Seitensprung und ist noch nicht zurück!"

Zwei Zellengenossen machen sich im Knast bekannt. Der eine: "Ich bin Ede, der Geldschrankknacker von der City-Bank." "Und ich bin Axel, der Direktor der City-Bank!"

Er fährt mit ihr durch den Stadtwald. Nach einer Weile beginnt sie zu weinen: "Du liebst mich nicht mehr!"
Er erstaunt: "Wie kommst du darauf?" Sie: „Früher hattest du hier immer eine Panne!"

Der Pfarrer redet Emil ins Gewissen: "Ihre Frau hat viele schlaflose Nächte wegen ihnen!" Emil: "Das kann nicht sein, ich bin ja kaum eine Nacht zuhause!"

Anruf in den städtischen Gaswerken: "Könnten Sie schnell einen Handwerker vorbeischicken?" "Was ist denn passiert?" "Mein Gaspedal im Auto klemmt!"

Das Pferd ist krank und der Tierarzt sucht in seiner Tasche ein Pulver. Er gibt es dem Bauer, damit er es dem Pferd in den Hals blasen soll. Der Bauer verschwindet mit dem Röhrchen im Stall. Nach einigen Minuten kommt er mit krebsrotem Gesicht hustend aus dem Stall. Wundert sich der Tierarzt: "Oha, da hat wohl der Gaul zuerst geblasen?"

Fragt der kleine Sohn den Vater: "Was ist denn Impotenz?" Der Vater: "Das ist genau so, als wenn du mit Spaghetti Mikado spielen willst!"

Unterhalten sich zwei Freundinnen. Die eine: "Der junge Mann nahm mich einfach auf sein Zimmer, küsste mich und liebte mich auf seiner Couch!" Die Freundin: "Du hast doch hoffentlich ein Veto eingelegt?" Die andere:

"Warum? Er soll gefälligst selbst aufpassen!"

Der Sohn bewundert das neue Kleid der Mutter. Die Mutter stolz: "Das Kleid ist aus Seide und stammt von einem kleinen unscheinbaren Wurm!" Der Sohn: "Ach, du meinst, es kommt von Vati?"

Der Mittagstisch ist gedeckt. Ruft die Frau ihrem Mann: "Liebling, du kannst nörgeln kommen, das Essen ist fertig!"

Der Oberarzt betritt das Krankenzimmer und fragt: "Ist das der berühmte Boxer, der von einem Autofahrer angefahren worden ist?" Die Schwester: "Nein, das ist der Autofahrer, der den berühmten Boxer angefahren hat!"

Der Gast beschwert sich: "Herr Ober, dieses Schnitzel ist aber sehr klein!" Der Ober: "Das tut mir sehr leid!" Der Gast: "Es ist auch noch sehr zäh!" Der Ober: "Dann seien Sie doch froh, dass es so klein ist!"

In der Drogerie: "Ich hätte gerne ein Paket Mottenkugeln." Der Drogist: "Sie hatten doch gestern schon zehn gekauft!"
"Ja, aber ich treffe so schlecht mit den kleinen Kugeln!"

Der Direktor ruft dem Kindermädchen: "Was soll der Lärm im Schlafzimmer?" Das Kindermädchen schaut kurz nach und ruft: "Das Kind klappert mit den Zähnen!" "Reden Sie keinen Unsinn, es hat doch noch keine Zähne!" "Es klappert ja auch mit ihren Zähnen!"

Das Ehepaar steht ergriffen am Strand der Ostsee. Sie ist ganz begeistert und schwärmt: "Toll, wie die See tobt und schreit!" Knurrt er: "Kein Wunder, wo du doch eben erst den selbstgebackenen Kuchen ins Meer geworfen hast!"

Am dritten Hochzeitstag nimmt der Mann seine Frau in die Arme: "Endlich bist du ganz und gar mein!" Sie erstaunt: "Aber wir sind doch schon über drei Jahre verheiratet!" Er: "Das schon, aber heute habe ich die letzte Rate an den Ehevermittler überwiesen!"

Unterhaltung am Stammtisch: "Man muss seinen Körper an die Gegensätze gewähren. Wenn der Körper Wasser haben will, muss man ihm Wodka geben!" Ein Stammtischkollege: "Wenn der Körper aber Wodka möchte?" „Dann muss man ihm eben seinen Willen lassen!"

Der junge Mann kommt am Freitag zum Pfarrer und möchte für Montag eine Hochzeit bestellen. Der Pfarrer: "Mein Sohn, so schnell lässt sich das aber nicht einrichten!" Der junge Mann enttäuscht: "Aber es eilt doch. Machen Sie, was Sie wollen, aber ich fange schon mal am Montag an!"

Die Matrosen stehen nach der langen Reise an der Rehling und warten auf den Landgang. Der eine Matrose: "Wenn ich an Land bin, habe ich innerhalb einer Stunde an jedem Arm eine wunderschöne Frau!" Murmelt ein anderer Matrose: "Das glaube ich nicht, so schnell arbeitet kein Tätowierer!"

"Papi, was ist Wohlstand?" Der Vater: "Sekt, Kaviar und schöne Weiber!" - "Und was ist Armut?" Der Vater: "Bier, Leberwurst und deine Mutter!"

Die Verkäuferin im Kosmetiksaloon zur Oma: "Hier haben Sie eine Creme, die Sie um zwanzig Jahre jünger macht!"
Die Oma skeptisch: "Hoffentlich verliere ich dann nicht meine Rente!"

"Meine Tochter kann sich über Verehrer nicht beklagen!", erzählt die Nachbarin, "sie hat ihre Schlafzimmergardinen an ihren Verlobungsringen aufgehängt!"

Gespräch auf dem Turnierplatz: "Kommen Sie gut mit dem Pferd zurecht?" Der Reiter: "Es geht. Es ist das höflichste Pferd, das ich kenne!" - "Wieso höflich?" - "Wenn ein Hindernis kommt, lässt es mich zuerst hinüber!"

Der Lehrer: "Wer kann mir ein Beispiel nennen, dass die Umwelt den Menschen prägt?" Meldet sich ein Schüler: "Ich, Herr Lehrer. Wenn ein Ehepaar ein Kind bekommt und dieses Kind stark dem Nachbarn gleicht, dann hat die Umwelt es geprägt!"

In der Buchhandlung fragt der Kunde nach einem Buch. Der Händler: "Was Leichtes oder was Schweres?" Der Kunde: "Egal, ich bin mit dem Auto da!"

Der Schotte möchte einen Facharzt aufsuchen. Ein Freund warnt ihn: "Die erste Behandlung ist enorm teuer, aber für jede weitere verlangt er nur noch die Hälfte. Der Schotte bedankt sich bei seinem Freund und geht in die Praxis des Facharztes mit den Worten: "Guten Tag, da bin ich schon wieder!"

Seit zwei Stunden hämmert Klaus auf dem Klavier herum. Dann läutet es an der Wohnungstür. Er macht auf und vor ihm stehen zwei Polizisten. Ein Polizist: "Wir haben eine Anzeige bekommen. Ein gewisser Brahms soll hier schwer misshandelt werden!"

"Die Milch ist aber wässrig", beschwert sich der Gast in der Milchbar. Der Kellner: "Wahrscheinlich stand die Kuh zu lange im Regen!"

Der Ehemann: "Das Pilzgericht schmeckt toll. Woher hast du das Rezept?" Die Ehefrau: "Aus einem Kriminalroman!"

Zwei Schotten nehmen an der Siegerehrung teil. Als ein Mann neben ihnen ganz ehrfürchtig seinen Hut abnimmt, verschwinden die Schotten schnell. Der eine Schotte zum anderen: "Warum bist du denn weggelaufen?" Der andere: "Ich glaubte, die würden mit dem Hut Geld sammeln!"

Die Lehmanns erzählen stolz von ihrem Sommerurlaub in Norwegen. Fragt ein Zuhörer: "Haben sie die vielen Fjorde gesehen?" Antwortet Herr Lehmann: "Natürlich. Sie glauben gar nicht, wie zutraulich diese Tierchen sind!"

Das verliebte Pärchen sitzt in einer sternenklaren Nacht auf einer Parkbank. Flüstert er romantisch: "Siehst du den "Grossen Wagen"?" Sie: "Mein Gott, so eine Nacht und du redest von Autos!"

Ruft die Ehefrau ihrem Mann: "Die Nachbarn waren gerade hier und haben gefragt, ob sie den Rasenmäher haben können. Der Mann knurrt: "Den sehen wir nie wieder!" Die Ehefrau erstaunt: "Warum nicht?" Der Ehemann: "Es war doch ihr Rasenmäher!"

Zwei Hühner schauen sich in der Stadt die Schaufenster an. Sie sehen in einem Süßwarengeschäft eine Auslage mit riesengroßen Schokoladeneiern. Meint das eine zum anderen: "Sollen wir uns in dem Geschäft nach der Adresse des Hahns erkundigen?"

Unterhalten sich zwei Herren. Der eine: "Ich bin Rechtsanwalt, ich glaube nur die Hälfte von dem, was die Leute mir erzählen!" Der andere: "Bei mir ist es umgekehrt, ich glaube immer das doppelte von dem, was die Leute mir erzählen!" Der Rechtsanwalt interessiert: "Was haben Sie denn für einen Beruf?" Der andere: "Steuerinspektor!"

Der Vater erklärt seiner dreijährigen Tochter die Geburt. "Also zuerst kommt das kleine Köpfchen aus Mamas Bauch, danach die Schultern und die Arme und zum Schluss die Beine! Hast du alles verstanden?" Die Tochter nickt und fragt den Vater: "Aber wer klebt dann das ganze Baby zusammen?"

Der zerstreute Professor nach dem Theaterbesuch zu seiner Frau: "Diesmal habe ich nicht nur an meinen Regenschirm gedacht, sondern auch an deinen!" Die Frau: "Aber wir hatten doch beide keine Schirme mit!"

Der alte Rentner zu dem kleinen Berliner Jungen: "Wie heißt denn dein Fahrrad?" Der Junge: "Das heißt Storch!" Fragt der Rentner: "Wieso den Storch?" Der Junge: "Weil es doch so klappert!"

"Stimmt es, dass dein Mann sich das Trinken abgewöhnt hat?" - "Nein, er schwankt noch!"

Der Sohn zum Vater: "Was ist eine Verlobung?" Der Vater: "Das ist so ungefähr, wie wenn ich dir ein Fahrrad schenke und du darfst erst Weihnachten damit fahren!" Der Sohn: "Papi, aber ein bisschen klingeln darf man doch schon vorher, oder nicht?"

Das Paar liegt im Hotelbett und schmust. Er zu ihr: "Liebling, kannst du mir schwören, dass ich der erste Mann in deinem Leben bin?" Sie: "Ja, verdammt noch mal!" Er böse: "Warum bist du denn gleich so ungehalten?" Sie: "Weil ihr Männer immer die gleichen dummen Fragen stellen müsst!"

Zwei Bauern treffen sich. Meint der eine: "Ich habe mich gegen Brand und Hagel versichern lassen!" Der Andere: "Eine gute Idee. Feuer kenne ich, aber wie macht man denn Hagel?"

Sie schimpft wieder über ihren rauchenden Ehemann: "Weißt du nicht, das Nikotin ein schleichendes langsam wirkendes Gift ist?" Er gereizt: "Na und? Glaubst du, ich rauche dir zuliebe Arsen?"

Der kleine Berliner Junge kommt weinend in die Küche zur Mutter: "Mama, Papi hat mir geschlagen!" Verbessert ihn die Mutter: "Nein, mich!" Wundert sich der Junge: "Was denn, dich auch?"

Der Lehrer zu den Schülern: "Kennt ihr das Wort "Wendepunkt?" Meldet sich ein Schüler: "Ich kenne das Wort. Meine Mama sagt immer zu Papi: "Wenn du punkt zwölf nicht daheim bist, schlägt es dreizehn!"

Der Arzt schüttelt den Kopf und sagt zu dem Patienten: "Tut mir leid, aber ihre Krankheit ist ein ererbtes Leiden!"
Der Patient: "Schicken Sie die Rechnung an meinen Vater!"

Der Psychiater zeichnet dem Patienten einen Punkt auf ein Blatt Papier und fragt: "An was denken Sie bei dem Punkt?" Der Patient: "An eine nackte Frau!" Der Psychiater zeichnet eine Wellenlinie hinzu und fragt dann wieder: "An was denken Sie jetzt?" Der Patient: "An eine nackte Frau!" Der Psychiater gereizt: "Sie scheinen an nichts anderes zu denken als an nackte Frauen!" Der Patient empört: "Und wer hat diese ganzen Schweinereien gezeichnet?"

Der Vater kommt mit dem kleinen Säugling aus dem Krankenhaus zurück. An der Haustür empfängt ihn schon seine Frau. Entsetzt schlägt sie die Hände über dem Kopf zusammen und ruft: "Mein Gott, das ist gar nicht unser Kind!" Der Vater: "Halt bloß den Mund, das war ein guter Tausch!"

Der Autobesitzer zufrieden: "Jetzt fahre ich den Wagen über zwei Jahre und habe nicht einen Pfennig für Reparaturen bezahlt!" Der Gesprächspartner: "Ich habe es vorhin in der Werkstatt schon gehört!"
Der Radfahrer hat einen älteren Herrn angefahren. Sofort springt der Radfahrer zu ihm, hilft ihm auf die Beine und klopft ihm den Staub von den Kleidern ab. Als der alte Herr ein wenig schimpft, wird der Radfahrer ärgerlich: "Was regen Sie sich denn auf, ist doch nichts passiert. Sie können noch froh sein!" Schimpft der alte Herr: "Auch noch froh sein!" Der Radfahrer: "Sonst fahre ich nämlich einen Bus!"

Der Nebel wird immer dichter und Lehmann folgt immer den Rücklichtern vor ihm. Es geht lange gut, bis das Auto vor ihm plötzlich bremst. Fast wäre Lehmann auf das Auto aufgefahren. Wütend springt er aus dem Auto und schnauzt den anderen Autofahrer an: "Was fällt Ihnen ein, einfach so ohne Grund zu bremsen?" Rechtfertigt sich der andere Autofahrer: "Ich werde doch wohl noch in meine Garage fahren dürfen!"

Der Hauptmann zum Rekruten während der Gefechtsausbildung: "Ihr

Gewehr ist ja völlig verdreckt. Wissen Sie nicht, dass das Gewehr die Braut des Soldaten ist?" Der Rekrut: "Ich habe mich eben von meiner Braut entlobt!"

"Warum hat dich der Chef gefeuert?" - "Ich habe ihm ein Kissen unter den Stuhl gelegt!" "Das ist doch nicht schlimm, im Gegenteil sogar!" - "Wie man es nimmt. Es war aber ein Stempelkissen!"

Der Ober zum Gast: "Diesen Wein kann ich ihnen besonders zum Essen empfehlen!" Der Gast: "Ich möchte aber gerne einen Wein zum Trinken!"

Der Scheidungsrichter: "Ihre Frau ist bereit, Ihnen die Hand zur Versöhnung zu reichen. Sind Sie auch dazu bereit?"
Er: "Ja, Herr Richter, ich nehme die Strafe an!"

Die alte Dame im Uhrmacherladen: "Die Kuckucksuhr muss unbedingt repariert werden!" Fragt der Meister: "Wieso, kommt der Kuckuck nicht mehr heraus?" Die alte Dame: "Doch, alle zehn Minuten. Dann fragt er, wie spät es gerade ist!"

Fragt der Lehrer den Schüler: "Kennst du auch die Fahnen der anderen Länder?" Der Schüler: "Ja! Die Russen haben eine Wodkafahne, die Franzosen haben eine Cognacfahne und die Schotten eine Whiskyfahne!"

Peter kommt aus der Schule zurück. Fragt sein Vater: "Na, wie findest du die neue Lehrerin?" Peter: "Ganz gut, wenn nur dieser Altersunterschied nicht wäre!"

Herr Schmitz schaut kurz in die Morgenzeitung, als seine Tochter im Brautkleid an ihm vorbeirauscht. Murmelt er: "Möchte bloß wissen, was die heute wieder vor hat!"

Der Pastor warnt von der Kanzel: "Hütet euch auch vor der ersten Zigarette, denn sie zieht unweigerlich die anderen Laster wie Alkohol und Unsittlichkeit hinter sich her!" Murmelt ein Junggeselle: "Möchte nur wissen, wo es diese tollen Zigaretten gibt!"

Er sitzt verkatert am Frühstückstisch. Sie stichelt: "Ich möchte zu gerne wissen, wo du die ganze Nacht warst!" Er: "Ich auch!"

Der Arzt verschreibt der Patientin ein Röhrchen mit 200 Tabletten, damit Sie abnehmen soll. Die Patientin: "Wie viel davon soll ich nehmen?" Der Arzt: "Keine. Sie sollen sie nur dreimal täglich auf den Boden schütten und dann alle wieder aufsammeln!"

Zwei Freundinnen unterhalten sich. Die eine: "Du, die Eva bekommt ein Kind!" Die andere: "Na, dann kann ich mir ja schon denken, von wem!" "Oh, dann könntest du sie mal schnell anrufen, du könntest ihr mit deinem Tipp bestimmt weiterhelfen!"

"Wie teilst du dir dein Gehalt ein?" - "Dreißig Prozent Miete, Dreißig Prozent Kleidung, dreißig Prozent Ernährung und vierzig Prozent Vergnügen!" - "Das kann nicht sein, das sind ja hundertdreißig Prozent!" - "Das ist ja das Schlimme!"

Frau Meier steht als Zeugin vor Gericht. Der Richter kurz: "Beruf?" Frau Meier: "Hausfrau!" Der Richter: "Beruf des Mannes?" Frau Meier: "Fabrikant!" Der Richter: "Kinder?" Frau Meier: "Nein, Blechdosen!"

Zwei Damen unterhalten sich. Die eine: "Die Frau Meier hatte so einen schweren Autounfall. Ihr ganzes Gesicht wurde von Glassplittern entstellt!" Die andere: "Das ist ja entsetzlich!" Die erste: "Aber heutzutage gibt es ja immer bessere Chirurgen. Sie sieht jetzt schon wieder genauso gut aus wie vorher!" Die andere: "Das ist ja entsetzlich!"

Meier wird ins Krankenhaus eingeliefert. Die Schwester fragt: "Sind Sie verheiratet?" - "Ja, aber die Verletzungen stammen vom Autounfall!"

Die Verkäuferin im Laden zu dem kleinen Mädchen, das die Puppe kaufen möchte: "Nimm doch diese, die kann gehen, weinen und sogar Pippi machen!" Das Mädchen: "Das kann meine kleine Schwester doch auch. Ich möchte lieber eine richtige Puppe!"

Frau Maier liest Zeitung. Nach einigen Minuten wendet sie sich an ihren Mann: "Ich besteige kein Flugzeug. Hier in der Zeitung steht, die Fluggesellschaften verloren im letzten Jahr fünf Prozent der Fluggäste!"

Der gescheiterte Geschäftsmann schreibt seinem alten Teilhaber einen erbosten Brief: "Ich habe ihnen doch schon vor zwei Jahren geschrieben, dass ich gestorben bin. Warum belästigen Sie mich immer noch mit ihren

Mahnungen?"

Meier sucht das preiswerteste Hotel in der Stadt. Nach langer Suche hat er ein Hotel gefunden, das ihm zusagt. Er fragt den Portier: "Was kostet eine Übernachtung?" Der Portier: "Hundert Euro!" Meier: "Haben Sie auch was billigeres?" Der Portier: "Ja, ein sehr schönes Zimmer für dreißig Euro, aber Sie müssten sich das Bett dann selbst machen!" Meier: "Kein Problem, werde ich schon hinbekommen!" Der Portier: "In Ordnung. Hammer und Nägel sind hier, die Bretter liegen im Zimmer!"

Gespräch in einem Cafe: "Stellen Sie sich nur vor, als ich nach München kam, hatte ich nur ein paar Schuhe und heute? Heute habe ich Millionen!" Der Gesprächspartner: "Mein Gott, was wollen Sie denn mit Millionen Schuhen?"

Der Vertreter preist der Hausfrau den Staubsauger an. Die Hausfrau skeptisch: "Der Preis erscheint mir wirklich sehr niedrig, daran kann ihre Firma ja nichts mehr verdienen!" Der Vertreter: "Wir verdienen erst an den Reparaturen!"

Fragt ein Wanderer auf der Almhütte: "Was ist denn mit dem Bergsteiger, der vorige Woche abstürzte?" - "Ach, der ist wieder auf der Höhe!"

Das Filmsternchen zur Freundin: "Gestern Abend auf der Party hat sich wieder mal alles um mich gedreht!" Die Freundin: "Warst du wieder so betrunken?"

Die Rentner auf der Parkbank unterhalten sich. Der eine: "Die erste schaffe ich noch, aber bei der zweiten mache ich schlapp!" Der andere: "Ja, in unserem Alter sollte man langsam machen, da geht es nicht mehr so richtig, dann muss man es eben auf den nächsten Tag verschieben!" Der erste Rentner: "Geht nicht, ich wohne in der dritten Etage!"

Der Vertreter kommt unerwartet von einer Geschäftsreise zurück und will sich gleich nach der langen Reise ins Bett legen. Der Sohn platzt gleich heraus: "Vati, in dem Schlafzimmerschrank ist ein Gespenst!" Der Vater: "Aber Junge, Gespenster gibt es nicht!" Der Sohn: "Dann schaue doch selbst nach!" Der Vertreter reißt die Schranktür auf und findet seinen besten Freund in ein Bettlaken gehüllt. Da brüllt der Vertreter ihn an: "Schämst du dich nicht. Jetzt sind wir so lange befreundet, wir gingen am Wochenende angeln und was machst du? Zum Dank erschreckst du mir meinen Sohn!"

Zwei kleine Mädchen unterhalten sich. Das eine: "Dass die Babys aus dem Teich kommen, glaube ich schon lange nicht mehr!" Die Freundin: "Kleine Kinder werden geboren, das weiß ich ganz bestimmt und hinter den Bohrer komme ich auch noch!"

Beim Quiz steht jedem eine Frage zu. Der Quizmaster: "Wie viel Stacheln hat ein Igel?" Der Kandidat: "Fünfundachtzigtausenddreihundertzehn!" Fragt der Quizmaster: "Woher wissen Sie das so genau?" Der Kandidat: "Entschuldigung, aber das ist schon die zweite Frage!"

Der Lehrer in der Schule: "Wenn dein Vater wüsste, wie du dich hier in der Schule benimmst, würde er bestimmt graue Haare bekommen!" Der Junge: "Das würde ihn freuen, er hat nämlich überhaupt keine Haare mehr!"

Am Telefon: "Ilona, ich habe schreckliche Sehnsucht nach dir, kann ich zu dir kommen?" "Klar Egon, komm nur!"
"Ich heiße doch gar nicht Egon!" - "Ich heiße ja auch nicht Ilona!"

Das Museum legt ein Buch aus, in dem sich jeder mit seinem Namen verewigen kann. Neben dem Namen soll der Beruf und der Zweck des Besuches eingetragen werden. Abends liest der Museumsdirektor: "Erwin Schmitz, Rentner. Grund des Besuches: draußen starker Regen!"

Die Dame des Hauses zur neuen Angestellten: "Ich bin Vegetarier und würde mich freuen, wenn ich Sie auch dazu bekehren könnte!" Die neue Angestellte: "Ich bleibe nach wie vor evangelisch!"
Beschwerde der Geschäftsfrau im Brief an das Finanzamt: "Seit mein Mann, Gott habe ihn selig, tot ist, muss ich alles weiterführen. Die hohen Steuern belasten mich sehr und ich muss ihnen schreiben, ich habe sehr große Mühe, mein kleines Milchgeschäft hochzuhalten!"

Lehmann fährt mit dem Zug über die Landesgrenze. Fragt ihn der Zollbeamte: "Zigaretten, Alkohol, Kaffee?" Lehmann: "Nein, danke, ich bin Nichtraucher und aus Alkohol mache ich mir auch nicht viel, aber gegen eine Tasse Kaffee hätte ich nichts einzuwenden!"

Der Arzt zum Patienten: "Lassen Sie doch die Hände vom Alkohol, der hat doch die wenigsten Nährstoffe!" Der Patient: "Deshalb muss man so viel davon trinken, um satt zu werden?"

"Wo kommst du her?" - "Aus dem Knast!" - "Weswegen?" - "Wegen Beamtenbestechung!" - "Hattest du soviel Geld?" - "Wer redet von Geld. Ich hatte nur ein Messer!"

Der Urlauber auf dem Bauernhof zu dem Bauer: "Wie herrlich, dieses saftige Grün auf den Weiden. So richtig frisch." Der Bauer: "Grasen Sie ruhig. Für die Kühe bleibt genug!"

Zwei Freunde unterhalten sich. "Wie kommt es, dass sich die Frauen immer an den Hochzeitstag erinnern und die Männer nicht?" Der Freund: "Erinnerst du dich an den Tag, an dem du den größten Fisch deines Lebens gefangen hast?" Der andere: "Und ob ich mich daran erinnere!" Siehst du, du erinnerst dich daran, doch der Fisch nicht!"

Der Pate hat zum ersten Mal sein Patenkind auf dem Schoss. Auf einmal wird es warm und feucht zwischen seinen Beinen. Kritisch betrachtet er das Baby und meint dann: "Das scheint mir ein Auslaufmodell zu sein!"

Gespräch im Treppenhaus. Die eine: "Frau Lehmann, ich habe Sie ja schon lange nicht mehr gesehen!" Frau Lehmann: "Wissen Sie denn nicht, dass ich im Keller gefallen bin und dann noch einige Tage gelegen habe?" Die andere: "Heute hilft einem wirklich keiner mehr!"

Lehmann kommt nach Hause und ruft seiner Frau begeistert: "Endlich habe ich Arbeit gefunden. Ich habe einen Posten als Nachtwächter bekommen!" Die Frau: "So ein Mist, gestern habe ich dir noch zwei Schlafanzüge gekauft!"
Die Mutter kommt von der langen Reise zurück und fragt den Sohn: "War Papa sehr traurig, als ich so lange fort war?" Der Sohn: "Zuerst nicht, aber die letzten zwei Tage wurde er immer trauriger!"

Alle bewundern die schöne Fassade der Kirche. Fragt einer: "Was sind das für zwei Figuren über dem Hauptportal?"
Der Andere: "Warten wir bis zwölf Uhr Mittag. Wenn sie sich dann bewegen, sind es Maurer!"

Sekretärinnen unter sich. Die eine: "Hast du dich mit dem Egon tatsächlich verlobt?" Die andere: "Ja, das stimmt!" Die erste: "Und? Wie war es?" Die andere: "Sehr schön. Alle machten fröhliche Gesichter, nur seine Frau nicht!"

Der Pfarrer bei der Taufe: "Wie soll der Junge heißen?" Die Mutter: "Wilhelm, Richard, Karl, August..." Unterbricht ihn der Pfarrer kurz und flüstert dem Küster zu: "Mehr Wasser bitte!"

Ein Schlagersänger zum anderen: "Ich musste mir schon wieder einen Langhaardackel kaufen, weil alle Mädchen eine Locke von mir haben wollen!"

Fragt der Chefarzt: "Wer wird eigentlich hier operiert?" Die Schwester: "Der Mann, der den Golfball verschluckte!" - "Was will denn der Mann, der hier herumsteht?" Die Schwester: "Der wartet auf den Golfball!"

Das alte Liebespaar sitzt auf der Bank. Die Frau: "Ich finde, wir sollten doch noch heiraten!" Er: "Das finde ich auch, aber wer nimmt uns noch?"

Bernd zu einer attraktiven Nachbarin an der Bar: „Ich wäre durchaus bereit für eine Frau wie du es bist 36 000 Euro pro Jahr auszugeben." Die Frau ist begeistert und geht mit ihm. Eine Stunde später hat er sie schon kräftig durchgevögelt: „So, hier hast du 2 Euro und 10 Cent – und jetzt zieh Leine!"
„Sag mal, spinnst du? Erst war von 36 Mille die Rede, und jetzt?" – „36 000 im Jahr, das sind 3 000 im Monat. Das macht rund 100 Euro am Tag, 4,20 Euro in der Stunde und eine halbe Stunde warst du hier."

„Bitte entschuldigen Sie, dass die Geldscheine etwas feucht sind", flüstert die Kundin in dem Juwelierladen, „aber mein Mann hat so geweint, als er sie mir gab…"

„Nanu, du trägst ja einen superelegantern neuen Anzug", bewundert Dieter seinen Freund. „Ja, das war eine echte Überraschung von meiner lieben Frau. Als ich von meiner Dienstreise nach Hause kam, hing er im Schlafzimmer über dem Stuhl…"

Warum lässt die Blondine auf dem Klo die Tür offen? – Damit niemand durchs Schlüsselloch schaut.

Drei Frauen sitzen auf einer Bank und Essen Eis. Die erste leckt, die zweite saugt und die dritte beißt vom Eis ab. Welche ist verheiratet? Die mit dem Ehering.

Ein Taxi-Passagier tippt dem Fahrer auf die Schulter, um etwas zu fragen. Der Fahrer schreit laut auf, verliert die Kontrolle über den Wagen, verfehlt knapp einen entgegenkommenden Bus, schießt über den Gehsteig und kommt wenige Zentimeter vor einem Schaufenster zum Stehen. Für ein paar Sekunden ist alles ruhig, dann schreit der Taxifahrer laut los: "Machen Sie das nie wieder! Sie haben mich ja zu Tode erschreckt!" Der Fahrgast ist ganz baff und entschuldigt sich verwundert: "Ich konnte ja nicht wissen, dass Sie sich wegen eines Schultertippens dermaßen erschrecken." "Naja", meint der Fahrer etwas ruhiger, "heute ist mein erster Tag als Taxifahrer. Die letzten 25 Jahre bin ich einen Leichenwagen gefahren."

Ein Liebespärchen liegt gerade im Bett. Plötzlich hören sie Schritte auf der Treppe. "Oh Gott, mein Mann!" Er springt schnell aus dem Fenster im Erdgeschoß. Eine Weile sitzt er im strömenden Regen und weiß nicht so recht, was er tun soll. Als eine Gruppe Jogger vorbeikommt, ergreift er die Gelegenheit und schließt sich ihnen an. "He, joggen Sie immer so nackt?" "Ja" "Und - immer mit Kondom ?" "Nein, nur bei Regen !!! "

Ein Einwohner aus Stockholm fährt zur Entenjagd aufs Land. Als er eine Ente sieht, zielt er und schießt. Doch der Vogel fällt auf den Hof eines Bauern, und der rückt die Beute nicht heraus. „Das ist mein Vogel", besteht der Städter auf seinem Recht. Der Bauer schlägt vor, den Streit, wie auf dem Land üblich, mit einem Tritt in den Unterleib beizulegen. „Wer weniger schreit, kriegt den Vogel." Der Städter ist einverstanden. Der Bauer holt aus und landet einen gewaltigen Tritt in den Weichteilen des Mannes. Der bricht zusammen und bleibt 20 Minuten am Boden liegen. Als er wieder aufstehen kann, keucht er: „Okay, jetzt bin ich dran." „Nee", sagt der Bauer im Weggehen. „Hier, nehmen Sie die Ente."

Golf gehört nicht gerade zu den augenfälligsten Fähigkeiten der blonden Golf-Schülerin. Deshalb rät ihr der entnervte Trainer nach der 22. Übungsstunde: "Fräulein Sabine, Sie dürfen den Schläger nicht halten wie einen Regenschirm. Stellen Sie sich doch einfach vor, es sei der Penis Ihres Freundes." Das scheint einzuleuchten: Sabine holt aus, trifft den Ball und schlägt ihn über 130 Meter genau ins Loch. "Sensationell" jubelt der Golflehrer, "und jetzt nehmen Sie den Schläger aus dem Mund und versuchen es noch mal mit den Händen."
Eine Blondine verdächtigt ihren Freund der Untreue und überrascht ihn zuhause im Bett mit einer anderen. Sie zieht eine Pistole und will ihn erschießen, doch plötzlich überwältigt sie die Traurigkeit und sie hält sich die Kanone an den eigenen Kopf. Ihr Freund ruft noch: "Tu es nicht!" Aber

sie antwortet nur: "Halts Maul, Du bist als nächster dran."

Drei alte Frauen gehen ins Schwimmbad. Als die erste schwimmt, holt sie der Bademeister zu sich und fragt sie, warum sie so gut schwimmen könne.
Die Frau antwortet, dass sie früher Clubmeisterin gewesen sei. Auch als die zweite alte Frau schwimmt, holt der Bademeister sie zu sich und fragt auch sie warum sie so gut schwimmen könne.
Die Frau antwortet, sie sei einmal Landesmeisterin gewesen.
Als die dritte Frau schwimmt, ist der Bademeister sehr beeindruckt und sagt, sie sei die beste Schwimmerin, die er je gesehen habe. Daraufhin lacht die alte Frau und sagt: "Ich war ja früher auch Prostituierte in Venedig und habe fast nur Hausbesuche gemacht.

Er zu Ihr: "Wäre schön, wenn Du ein bisschen geil wärst."
Sie zu Ihm: "Wäre geil, wenn Du ein bisschen schön wärst."

Der Bauer kommt früher als vereinbart nach Hause zurück und erwischt seine Frau mit dem Knecht im Bett. Er schlägt ihn K.O. Als der Knecht wieder zu sich kommt, liegt er in der Scheune auf einer Werkzeugbank, ist splitternackt und sein bestes Stück ist in einem Schraubstock eingeklemmt. Verwirrt blickt er sich um und sieht wie der Bauer ein Messer wetzt. Entsetzt schreit er: "Um Himmelswillen, Sie werden IHN mir doch nicht abschneiden?" Dreckig grinsend legt der Bauer das Messer neben den Knecht und sagt: "Nee nee, das darfst Du schon selber machen. Ich geh jetzt raus und zünde die Scheune an!"

Ein Verbrecher ist aus dem Gefängnis ausgebrochen. Zum Glück gibt es Fotos, die den Mann von allen vier Seiten zeigen. Das BKA schickt Kopien davon an alle Polizeidienststellen im ganzen Bundesgebiet. Schon am nächsten Tag kommt ein Telegramm aus Ostfriesland: "Fotos erhalten. Alle vier bei Fluchtversuch erschossen!"

Ein Mann fährt mit dem Auto eine steile Bergstraße hinauf. Eine Frau fährt dieselbe Straße hinunter. Als sie sich begegnen, lehnt sich die Frau aus dem Fenster und schreit: "Schwein!" Der Mann schreit sofort zurück: "Schlampe!" Beide fahren weiter. Als der Mann um die nächste Kurve biegt, rammt er ein Schwein, das mitten auf der Straße steht. Wenn Männer doch nur zuhören würden...

Morgens bei Lohmeyers. Sie schleicht sich an ihren Mann heran und knallt ihm die Bratpfanne von hinten an den Kopf. Er schreit auf: "Was soll das denn?" "Gerade habe ich deine Hosen für die Wäsche ausgeräumt und darin einen Zettel mit dem Namen 'Marie-Louise' gefunden!" "Ja, aber Schatz, erinnerst du dich nicht mehr? Vor zwei Wochen war ich doch beim Pferderennen und 'Marie-Louise' ist der Name des Pferdes, auf das ich gesetzt habe..." Sie entschuldigt sich bei ihm, den ganzen Tag plagt sie sich mit Gewissensbissen und bereitet ihm schließlich ein Festmahl. Drei Tage später schleicht sie sich wieder mit der Bratpfanne an ihn heran - boing! "Was ist denn jetzt los?", empört er sich. Sie: "Dein Pferd hat angerufen..."

Männer mit Bierbauch haben meistens einen "Schneewittchen komplex". Sie liegen auf dem Rücken und sagen: "Dort hinter dem Berg, da wohnt ein Zwerg!"

Ach da ist meine Wäscheleine, sagte die Frau, als sie ihren Mann erhängt im Stall fand.

Sie zu ihm nach der Hochzeitsnacht: "Schatz, koch schon mal Kaffee oder kannst Du das auch nicht?"

Ein Gast sieht in einer Gaststätte in Gelsenkirchen einen jungen Mann die dritte Flasche Bier trinken. Er geht zu ihm und sagt: "Junger Mann, wissen Sie nicht dass jährlich 50.000 Deutsche an Alkohol sterben?" "Was geht mich das an, ich bin Schwede!"

Ein kleines amerikanisches Flugzeug hat sich im dichten Nebel verflogen. Der Pilot kreist um das oberste Stockwerk eines Bürohauses, lehnt sich aus dem Cockpit und brüllt durch ein offenes Fenster: "Wo sind wir?" Ein Mann blickt von seinem PC auf: "In einem Flugzeug!" Der Pilot dreht eine scharfe Kurve und landet fünf Minuten später mit dem letzten Tropfen Treibstoff auf dem Flughafen von Seattle. Die verblüfften Passagiere wollen wissen, wie der Pilot es geschafft habe, sich zu orientieren. "Ganz einfach", sagt der Pilot. "Die Antwort auf meine Frage war kurz, korrekt und völlig nutzlos. Ich hatte also mit der Microsoft-Hotline gesprochen. Das Microsoft-Gebäude liegt 5 Meilen westlich vom Flughafen Seattle, Kurs 87 Grad."

Herr und Frau Müller gehen über den Marktplatz und bleiben an einem Obststand stehen. Dort stehen exotische Früchte und darüber hängt ein

Schild "Import". Erklärt die Verkäuferin: "Die werden eingeführt". "Siehste, sagt der Mann zu seiner Frau, "Du hättest sie wieder gegessen."

Der Ostfriese kauft eine Motorsäge. Der Verkäufer erzählt: "Mit dem Modell können Sie mindestens 30 Bäume am Tag fällen." Der Ostfriese geht in den Wald. Am ersten Tag schafft er drei Bäume, am zweiten fünf, am dritten sogar sieben. Trotzdem ist er nicht zufrieden und geht in den Laden zurück. Schaut der Verkäufer: "Sprit ist drin, Zündkerzen okay, ich verstehe nicht, wieso Sie damit Probleme haben. Probieren wir sie doch einmal aus." Also wirft er die Säge an. Sagt der Ostfriese: "Hey, was ist das denn für ein Lärm?"

Arzt: "Also, Herr Meier, Sie sind ja schon wieder betrunken, habe ich Ihnen nicht gesagt, nur eine Flasche Bier pro Tag?" Meier: "Ja glauben Sie eigentlich, Sie sind der einzige Arzt zu dem ich gehe!"

Klein Erna sitzt in der Schule und bekommt zum ersten Mal Ihre Tage. Da Sie nicht weiß, was das ist, fängt Sie fürchterlich an zu weinen. Die Lehrerin fragt, was denn los sei, sieht das Dilemma, und schickt Sie nach Hause, wo Ihre Mutter Sie dann aufklären solle. Auf dem Gang begegnet sie Klein Fritzchen, der natürlich neugierig wie er ist gleich fragt, was denn los sei. "Ich blute da unten, und die Lehrerin hat mich nach Hause geschickt, damit mir die Mama erklären kann, was los ist." Fritzchen hebt das Röckchen hoch und meint fachmännisch: "Klarer Fall, Sack abgerissen...."

Sagt ein Bauer zum anderen: "Sag mal, Dein Bulle, der nicht mehr richtig stieren konnte, was ist denn nun mit dem?". "Ach, der Tierarzt war da, hat ihm so gelbe Tabletten verschrieben und jetzt geht es aber wieder voll ab!" "Wie heißen die Tabletten denn?" "Keine Ahnung, aber die schmecken nach Pfefferminz"

Ein Mann latscht durch die Stadt und merkt, dass er mal dringend kacken muss. Da er jedoch keine Toilette finden kann, bestellt er sich ein Taxi und fährt drei Runden um den Block. Als der Taxifahrer den Haufen auf der Rückbank sieht, ist der Täter schon längst verschwunden. Der Taxifahrer wendet sich an seinen Freund, einen Anwalt. Dieser wälzt einen Stapel Bücher und sagt: "Ganz klarer Fall. Wenn sich der Eigentümer nicht binnen drei Tagen meldet, gehört es Dir."

Kommt eine Frau zum Frauenarzt und legt sich auf den Stuhl. Der Arzt zieht gerade noch seine Handschuhe an, dreht sich um, und kommt aus dem Staunen nicht mehr raus. "Was ist das denn für eine Riesenvagina?" Die Frau schaut etwas verschämt und sagt: "Ich wurde bei der letzten Safari von einem Elefanten vergewaltigt!" "Hm", meint der Arzt, "Elefanten kenne ich, aber deren Ding ist doch nicht so dick!" "Stimmt", sagt sie," vorher hat er noch ein wenig gefingert..."

"Ok", sagte der Interessent, "Vermutlich werde ich diesen Bauernhof kaufen. Aber da, am Zaun, diese Bienenstöcke: ist das nicht gefährlich mit diesen Bienen?" "Nein", sagte der Bauer, "die sind völlig ungefährlich. Ich wette mit Ihnen, wenn ich Sie hier nackt anbinde und mit Honig einschmiere, und auch nur eine Biene tut Ihnen etwas zuleide, bekommen Sie den Hof umsonst!" Und so ließ sich der Interessent auf dieses ungewöhnliche Experiment ein... Am Abend kam der Bauer wieder, der nackte, honigbeschmierte Mann hing völlig fertig in den Seilen. "Um Himmels Willen", rief der Bauer, "haben die Bienen Ihnen etwas angetan?" "Nein", sagte der Interessent, "das ist es nicht. Aber hat das Kälbchen denn keine Mutter?"

Ein Vogel und eine Schlange treffen sich. Fragt der Vogel: "Wie geht´s denn so?" Antwortet die Schlange: "Ach gut. Man schlängelt sich so durch. Und wie geht´s dir?" Da wird der Vogel rot bis zur Schnabelspitze und fliegt davon....

"Herr Doktor, alle sagen ich sei nymphoman." "Ja, liebe Frau, bevor ich eine Diagnose stelle, müssen Sie aber bitte meinen Penis loslassen."

Kommt ein Cowboy mit seinem Pferd in einen Salon, trinkt einen Whisky und wendet sich dann an die Runde: "Mein Pferd ist in letzter Zeit so traurig. Ich biete demjenigen, der es wieder zum Lachen bringt Blondine Dollar." "Kein Problem" meint der Barkeeper, geht zum Gaul und flüstert diesem etwas ins Ohr. Das Pferd wiehert los und kann sich vor Lachen kaum noch halten. Der Cowboy ist zufrieden, bezahlt den Keeper und reitet auf seinem lachenden Pferd davon. Eine Woche später kommt der Cowboy in Begleitung seines Pferdes wieder zum Salon. Der Gaul sieht den Barkeeper und fängt laut an zu lachen. Der Cowboy wendet sich wieder an die Runde: "So geht das jetzt schon die ganze Woche. Alle paar Minuten wiehert mein Pferd los. Ich biete demjenigen, der es von seinen Lachanfällen kuriert, Blondine Dollar." "Kein Problem" erwidert der

Barkeeper, nimmt die Zügel des Gauls und verlässt mit ihm den Salon. Als sie 5 Minuten später wieder zurückkehren, ist das Pferd tottraurig. Der Cowboy bezahlt den Keeper, will aber auch wissen, was er mit dem Pferd angestellt habe. Der Gefragte erklärt: "Ach, ganz einfach. Beim ersten Mal hab ich ihm ins Ohr geflüstert, dass ich einen längeren Schwanz hätte. Beim zweiten Mal haben wir draußen nachgemessen."

Eine Ameise und ein Elefant haben geheiratet. Beim ersten Sex bricht der Elefant tot zusammen: Herzinfarkt! "So ein Mist", flucht die Ameise, "5 Minuten Spaß - und nun darf ich den Rest meines Lebens ein Grab schaufeln".

Ein korpulenter Herr beschließt abzunehmen. Er hat von einem Trainingsprogramm im örtlichen Bordell gehört. "Wie funktioniert das denn hier?" Die Puffmutter: "Gehen Sie auf Zimmer 2, erster Stock" Dort steht eine nackte Frau und sagt: "Kriegst Du mich, dann fickst Du mich!", sie rennt los. Nach 10 Minuten hat er es geschafft, steigt auf die Waage und ist enttäuscht. Nur 2 kg abgenommen. Die Puffmutter: "Na gut, zweite Stufe: Zimmer 5, zweiter Stock." Dort steht eine nackte Athletin und sagt: "Kriegst Du mich, dann fickst Du mich!", sie rennt los. Nach 20 Minuten hat er es geschafft, steigt auf die Waage und ist abermals enttäuscht. 4 kg abgenommen. Die Puffmutter: "Schwerer Fall! Gehen Sie auf den Dachboden!" Er steigt die Leiter zum Boden hinauf, öffnet die Luke und klettert auf den dunklen Boden. Krachend schlägt die Luke hinter ihm zu, es wird verriegelt. Vor ihm steht ein muskelbepackter, glatzköpfiger und splitternackter Neger mit einem mächtigen Rohr. Der sagt: "Krieg ich Dich, dann fick ich Dich!"

Ein Vater will herausfinden, wie viel seine 6-, 10- und 14 jährigen Töchter bereits über Sex wissen. Er geht also zu seiner ältesten Tochter, lässt die Hosen runter und fragt sie, was das da unten sei. Tochter: "ein Penis!" Vater: "und was macht man damit?" Tochter: "Ficken!" Der Vater verpasst ihr eine Ohrfeige: "Schäm dich! Du bist doch noch zu jung dafür!" Nun geht er zu seiner 10-jährigen Tochter und lässt wieder die Hosen runter: Vater: "Was ist denn das?" Tochter: "Ein Penis!" Vater: "Was macht man damit?" Tochter: "Ficken!" Vater teilt wieder eine Ohrfeige aus und sagt: "Schäm dich! Du bist doch noch viel zu jung für so was!" Dann geht er zu seiner jüngsten Tochter und dasselbe Spielchen beginnt: Hosen runter und die Frage: "Was ist das?" Tochter: "ein Penis!" Vater: "was macht man damit?" Tochter: "spielen!" Vater: "Spielen? Was meinst du damit?" Tochter: "na spielen eben. Zum Ficken ist er zu klein!"

Die Lehrerin fragt in der Schule: "Was ist braun und läuft durch den Wald?" Fritzchen meldet sich: "Ein Reh!" "Richtig!", lobt die Lehrerin, "es könnte aber auch ein Hirsch sein. Und was ist grün und hüpft durch das Gras?" - Fritzchen meldet sich wieder: "Ein Frosch!" "Richtig, es könnte aber auch ein Grashüpfer sein!" Fritzchen: "Und was ist das: Wenn man es reinsteckt ist es hart, und wenn man es rausnimmt ist es klein und verschrumpelt?" Als die Lehrerin zu einer mächtigen Ohrfeige ausholt, meint er: "Richtig, könnte aber auch ein Kaugummi sein!"

Kommt ein Mann zum Arzt und klagt, dass er nach 5 Jahren Ehe immer noch nicht Vater ist. "Zeigen Sie mir mal Ihr Geschlechtsorgan". Was macht der Mann? Steckt ihm die Zunge raus!

Wie lang kannste einen Kitzler ziehen? Bis Du eine in die Fresse bekommst...

2 Spermien treffen sich, sagt die eine: "Ich werde ein Junge." Darauf antwortet die andere: "Ich werde ein Mädchen!" Plötzlich schreit ein Semmelbröselchen: "Ihr werdet überhaupt nix, ihr seid in der Speiseröhre!"

Ein Mann ist zur Untersuchung beim Arzt. Dieser meint anschließend: "Es geht mich zwar nichts an, aber sie haben den kleinsten Schniedelwutz, den ich je gesehen habe. Wie kommen Sie damit zurecht?" "Ach, ich habe keine Probleme. Bin verheiratet, habe 7 Kinder, ein erfülltes Liebesleben. Nur manchmal am Tage, da habe ich Probleme, ihn zu finden." "Und nachts?" "Nachts suchen wir immer zu zweit!"

Wie erkennt man einen schwulen Schneemann?? Die Karotte steckt im Arsch...

Drei Nonnen kommen in den Himmel und werden am Tor von Petrus empfangen. Petrus fragt die erste, was das Schlimmste gewesen sei, das sie getan hätte und sie sagt: "Ich habe nur einmal ein männliches Glied berührt." Petrus: "Na gut, wasch dir deine Hände in Weihwasser und du kannst in den Himmel. Petrus zur zweiten: "Und was hast du gemacht?!" Die Zweite will gerade antworten, da fällt ihr die dritte ins Wort: "Moment, Moment bevor du dir den Hintern wäschst, lass mich erst denn Mund ausspülen..."

Und dann war da noch der Mann, der als Monica Lewinsky verkleidet zum

Fasching ging. Nach einer halben Stunde hatte er die Schnauze voll...

"Na, junge Frau, wohin gehen Sie denn mit Ihren hübschen Beinen?"
"Wenn nichts dazwischenkommt, ins Kino"

Zwei Omas stehen nackt im Fluss und angeln. Plötzlich sagt die eine zur anderen: "Huch, jetzt ist mir einer durch die Lappen gegangen!"

Ein Geschäftsmann reißt in einer japanischen Disco eine hübsche Japanerin auf. Später in seinem Hotel, sie sind gerade "voll dabei", schreit sie immer: "hai to, hai to" Er denkt sich, "na ja, die ist aber gut drauf und lobt mich ganz prima..." Am nächsten Tag, spielt er mit seinem japanischen Geschäftspartner Golf und dem Japaner gelingt ein ausgezeichneter Schlag. Um den Japaner zu beeindrucken, versucht der Geschäftsmann sein frisch erworbenes Japanisch an den Mann zu bringen und sagt: "Hai to!" Darauf der Japaner: "Was heißt hier 'falsches Loch'??"

Die Nonnen fahren im Klosterhof Fahrrad und kichern dabei wie verrückt. Da geht im oberen Stockwerk ein Fenster auf, die Obernonne schaut heraus und schreit: "Wenn nicht sofort Ruhe ist, lass ich die Sättel wieder aufschrauben."

"Angeklagter, Sie bekennen sich doch offen zur Homosexualität, warum haben Sie die Nonne vergewaltigt?" "Entschuldigung, aber von hinten sah sie aus wie Zorro!"

Die heiße Braut aus der Stadt macht Urlaub auf dem Bauernhof. Vor dem ersten Spaziergang warnt sie der Knecht: "Hier gibt es gefährliche Geier. Vor allem alleinstehende Frauen picken sie gern das Gehirn aus." Tatsächlich zeigt sich bald der erste Geier am Himmel. Voller Angst rennt die Süße zum nächsten Heuhaufen und steckt den Kopf tief hinein. Der Knecht auf dem Feld kann der einladenden Stellung beim besten Willen nicht widerstehen - als er fertig ist, hört er eine gedämpfte Stimme: "Pick ruhig weiter - bis zu meinem Gehirn kommst du eh nicht durch!"

Ein junges Pärchen will so schnell wie möglich heiraten. Sie besteht aber unbedingt auf einem AIDS-Test. Er geht zum Arzt und bittet um einen Soforttest. Der Arzt sagt ihm, dass es bis zum Ergebnis mindestens vier Wochen dauert. "Ich möchte aber nächste Woche heiraten. Gibt es da nichts Schnelleres?" "Doch, eine Möglichkeit gibt es, die aber nur zu 97%

Klarheit verschafft." "Welche denn?" "Sie gehen auf eine Weide mit vielen Schafen und holen Ihren Freund raus. Wenn die Schafe herankommen und genüsslich daran lutschen, sind Sie nicht infiziert." Wochen später trifft er den Arzt, der ihn fragt, wie es denn nun in der Ehe so geht. "Wieso Ehe? Ich bin jetzt Schäfer..."

Eine Frau lässt sich von ihrem Arzt ein Mittelchen für ihren Mann geben, weil der im Bett nicht mehr so richtig will. "Am besten" sagt der Arzt, "mengen Sie es Ihm ins Essen." "Hm" denkt sich die Frau, "in der Suppe fällt es ihm bestimmt nicht auf." Als ihr Mann abends von der Arbeit kommt, empfängt sie ihn mit der Frage: "Liebling - möchtest du heute Suppe essen?" "Nein" sagt er, "ich hab eigentlich mehr Lust auf Würstchen." Die Frau ist natürlich nicht auf den Kopf gefallen und mischt das Zeug in den Senf. Sie stellt ihrem Mann das Essen hin, geht ins Schlafzimmer, zieht sich aus und legt sich ins Bett. Nach wenigen Minuten vernimmt sie lautes Gelächter aus der Küche. "Schatz, komm her und sieh dir das an!", ruft ihr Mann. "Jedes Mal, wenn ich das Würstchen in den Senf tunke, zieht sich die Pelle zurück...."

Was ist der Unterschied zwischen einem Mann der eine Flasche Whisky trinkt und einem, der eine Packung Viagra schluckt? Der eine hat dann einen sitzen, dass er nicht mehr stehen kann. Der andere hat einen stehen, dass er nicht mehr sitzen kann...

Wie vertreibt man am besten Nacktschnecken aus dem Garten? Man wirft eine Viagra hinein, wartet bis sie steif werden und sich aufstellen. Anschließend mäht man sie einfach mit dem Rasenmäher um!
Treffen sich zwei 70-jährige. Sagt der eine zum andern: "Du, seit ich Viagra einnehme fühle ich mich wie ein 20-jähriger!" Entgegnet der Andere:" Blödes Zeugs, mich stört es gewaltig bei der Gartenarbeit"!

Fragt Klein Erna ihre Tante: "Sag mal, Tante, warum haben du und Onkel eigentlich noch keine Kinder?" Antwortet die Tante: "Weißt du, Erna, der Klapperstorch hat uns noch keine gebracht!" "Ach so", meint Klein Erna "Wenn ihr noch an den Klapperstorch glaubt, dann ist mir alles klar....."

Eine Omi vor einem Kinderwagen: "Süß, der Kleine! So nett! Wie geleckt!" Die Mutter wird Rot: "Naja, ein bisschen Bumsen war auch dabei!"

Klaus hat ein neues Fahrrad mit Ledersattel. Der Verkäufer hat ihm extra einen Topf Vaseline mitgegeben, um diesen bei Regen zu fetten. Abends ist er bei den Eltern seiner Freundin zum Essen eingeladen. Nach dem Essen geht der Streit um den Abwasch los. Nachdem sich kein Freiwilliger findet, beschließt man das Schweigespiel zu spielen. Wer als erster was sagt muss abwaschen. Nachdem eine halbe Stunde Schweigen herrscht, denkt Klaus sich, dass er die Zeit auch besser nutzen könnte. Er zieht die Hose aus, schiebt seiner Freundin den Rock hoch und fängt an sie zu rammeln. Betretenes Schweigen. Eine weitere halbe Stunde später wiederholt sich die Prozedur mit ihrer Schwester. Betretenes Schweigen. Eine weitere halbe Stunde später ist ihre Mutter fällig. Als Klaus Blick jetzt aus dem Fenster fällt, bemerkt er, dass es anfängt zu regnen. Wie er zum Vaseline Topf greift, meint der Vater: "Okay, ich trockne ab!"

Ein Trabi hat bei seiner Fahrt in den Westen eine Panne auf der Autobahn. Ein vorüberfahrender BMW ist so freundlich, den Duroplast Bomber abzuschleppen. Und so zockeln sie gemächlich zur nächsten Werkstatt. Als ihr Gespann jedoch von einem 500er Mercedes überholt wird, vergisst der BMW-Fahrer den Trabi, dreht auf und rast mit 240 Sachen hinter dem Mercedes hinterher. Ganz verzweifelt gibt der Trabi-Fahrer Signale mit der Lichthupe. Das sieht Redetzky auf einer Autobahnbrücke: "Schau mal", sagte er zu seiner Frau, "so stark sind die Trabis jetzt schon. Da will doch wirklich einer den BMW überholen."

Zwei Schwule poppen im Bad. Sagt der eine: "Du, ich ja so Hunger, ich geh mal in die Küche. Aber nicht weitermachen..." Als der erste wiederkommt, ist das ganze Bad voll Wichse. Sagt er: "Du solltest doch nicht weitermachen!" Sagt der andere: "Man darf doch wohl noch furzen dürfen..."!

Es begab sich vor etwa 10 Jahren, oder vielleicht auch schon vor etwas längerer Zeit... Ein reicher Scheich in Persien hat gehört, dass es in der DDR ein Auto geben soll, welches so begehrt ist, dass man darauf mehr als 10 Jahre warten muss. Da der Scheich begeisterter Autosammler ist, bittet er seinen Chefsekretär Abdul Fikdusimir zu sich, mit dem Auftrag, ein solches Auto zu ordern. Als die Bestellung im Trabbiwerk in Zwickau eingeht, ist man natürlich von den Socken. Ein Scheich will einen Trabi, und dazu zahlt er auch noch in Dollar. Man beschließt, einen solchen Kunden nicht warten lassen zu können und liefert sofort einen Trabi aus der laufenden Produktion. Als das Fahrzeug einige Wochen später mit der Spedition ankommt, läuft Abdul ganz aufgeregt zu seinem Chef: "Oh edler Scheich, sie glauben es ja gar nicht. So ein Service!! Vor ein paar Wochen haben wir doch dieses sagenhafte Auto bestellt. Und um unsere Vorfreude darauf zu steigern, liefert uns das Werk heute schon mal ein Modell aus

Pappe. Und das Beste: Es fährt sogar!!"

Der 16-jährige Sohn kommt mitten in der Woche erst um 4 Uhr morgens nach Hause. Der Vater ist wachgeblieben und will seinem Sprössling eine riesen Standpauke halten. Doch der Sohn kommt ihm zuvor: "Beruhige Dich, Vater! Ich hab heut zum ersten Mal so richtig tierischen Sex gehabt!" Der Vater: "Ja, wenn das so ist! Komm, setz Dich zu mir, lass uns ein Bier trinken und darüber reden!" Sohn: "Reden ist OK, ein Bier nehme ich auch, aber sitzen ist nicht!"

"Woher haben Sie bloß die entzückenden Silberpokale?" "Mein Sohn ist Herrenreiter." "Komisch, meiner ist auch schwul, aber Pokale hat er keinen einzigen."

Was ist der Unterschied zwischen einem Zahnstocher und einem Schwulen? Gar keiner, beide stochern in Speiseresten herum.

Zwei Schwule machen einen Spaziergang durch den Zoo und kommen am Gorillakäfig vorbei. Das Gorillamännchen hat eine mordsmäßige Latte und der eine Schwule kann es nicht unterlassen, in den Käfig zu greifen und sie zu berühren. Der Gorilla greift zu, reißt ihn in den Käfig und fickt ihn sechs Stunden durch. Anschließend wirft er ihn über das Gitter wieder nach draußen. Der Schwule ist bewusstlos und wird ins Krankenhaus gebracht. Am Tag darauf besucht ihn sein Freund und fragt ihn: "Bist du verletzt?" Er antwortet: "Ob ich verletzt bin? Er hat nicht angerufen, er hat nicht geschrieben. Und ob ich verletzt bin..."

Der schwule Meier beim Heer, Handgranatenwerfen ist angesagt. Der Feldwebel kommt und brüllt: "Stift herausziehen, Granate werfen und in Deckung! Und jetzt Sie, Meier!" Meier nimmt die Handgranate, zieht den Stift ganz vorsichtig, wirft die Handgranate weg und ruft hinterher: "Achtung, böser Feind!" Der Feldwebel brüllt Meier an, ob er nicht ganz bei Trost sei und zeigt es ihm noch mal. Meier zieht wieder vorsichtig den Stift raus, wirft die Granate weg und ruft wieder hinterher: "Achtung, böser Feind!" Brüllt der Feldwebel Meier an: "Jetzt mach das endlich ordentlich, oder ich steck dir den Gewehrlauf in den Allerwertesten!" Darauf Meier: "Oh, belohnt wird man hier auch noch..."

Zwei Schwulen ist langweilig. Da schlägt der eine vor, Analraten zu spielen. Gesagt, getan. Der erste lässt die Hose runter und der andere schiebt ihm einen Gegenstand rein. "Hmm", meint dieser, "es ist dünn, lang und rund. Könnte ein Bleistift sein." "Richtig. Jetzt bin ich dran." Der andere lässt die Hose runter und ihm wird was in seinen Allerwertesten gesteckt. "Vorne dünn und hinten breiter werdend. Rund ist es auch. Ist es vielleicht eine Flasche?" "Auch richtig. Jetzt bin ich wieder dran." Es macht "flutsch" und schon fängt er an zu raten. "Uiihh, das ist aber groß. Kugelförmig... vielleicht eine Melone?" Darauf der andere mit ziemlich dumpfer Stimme: "Nah dran, versuch es noch mal..."

In der Wüste werden ein Deutscher und ein Österreicher von einem Eingeborenenvolk gefangen genommen. "Wenn ihr Überleben wollt", so der Häuptling, "müsst ihr mir innerhalb einer Stunde in dieser gottverlassenen Einöde jeder mindestens 10 Früchte auftreiben!" Bereits nach einer halben Stunde kommt der Deutsche mit 10 Datteln zurück. Der Häuptling ist zufrieden und meint: "Wenn du diese Datteln jetzt noch ohne Wimpernzucken in deinen Arsch hineinschiebst, bist du frei!" Da beginnt der Deutsche zu grinsen. "Was grinst Du so?" "Ich dachte nur an den Österreicher: den hab ich nämlich gerade mit ein paar Kokosnüssen gesehen!"

Treffen sich drei Haie. Sagt der eine: "Ich habe letztens einen Ami gefressen. Der war so fett, dass ich eine Woche Magenbeschwerden hatte!" Sagt der zweite Hai: "Das ist noch gar nichts. Ich habe einen Russen gefressen, der war so mit Wodka vollgepumpt, dass ich eine Woche lang besoffen war!" Meint der dritte Hai: "Bei mir war es noch viel schlimmer. Ich habe einen Ösi gefressen, der war so hohl, dass ich eine Woche lang nicht tauchen konnte!"

Eine Burgenländerin kommt zum Psychiater und erzählt dem Arzt ihr Mann glaubt ein UFO zu sein! Darauf der Arzt: "Dann soll er in meine Sprechstunde kommen!" Darauf die Frau: "Wo kann er landen?"

"Du, gestern hatte ich Glück!" "Warum ?" "Na, ich war nachts mit meiner Frau am Schmusen, plötzlich kommt der Kronleuchter runter und fällt mir voll auf den Hintern." "Und das nennst Du Glück?" "Na klar, 5 Minuten eher und ich hätte das Ding voll ins Genick bekommen!"

Wie sieht eine türkische Muschi aus? Schon mal einen Döner aufgeklappt?

Fragt der Vater den kleinen Sprössling: "Hast du deine kleine Freundin eigentlich schon mal geküsst?" "Na klar!" "Und, was hat sie gesagt?" "Keine Ahnung, sie hat mir mit ihren Schenkeln die Ohren zugehalten!"

Ein Mann geht zum Arzt, weil er Schmerzen im Glied hat. Der Arzt behandelt den geplagten Patienten, indem er ihm zwei Holzstöcken unter dem Glied als Stütz anbringt. Dem Patienten gehts gleich viel besser. Einige Zeit später aus einem Gespräch zwischen zwei Eierstöcken: "Also, ich hab ja schon viele gesehen. Große, Kleine, Dicke, Dünne, Harte und Schlaffe. Aber, dass sie den jetzt schon mit einer Bahre reintragen, geht zu weit!"

Isabella hat sexuelle Probleme und sucht deshalb einen Arzt auf. Der verpasst ihr eine Hormonspritze und bestellt sie zur Nachuntersuchung in der folgenden Woche. "Na", will der Mediziner wissen, "hat sich inzwischen etwas getan?" "Allerdings. Meine Stimme ist viel tiefer geworden." "Nun ja, das kann schon mal vorkommen. Und sonst ?" "Seit neuestem wachsen Haare auf meiner Brust." "Oh" entfährt es dem Arzt, "und wie weit runter?" "Bis zum Penis."

Verlegen sitzt die Frau beim Anwalt: "Ich will mich scheiden lassen." "Ja, ja", sagt der Anwalt. "Und der Scheidungsgrund ?" "Ach, mein Mann ist 200 Prozent impotent." "Sie meinen total impotent", korrigiert der Anwalt. "Nein, ich meine 200 Prozent impotent." "Ja, was meinen Sie denn genau?" fragt der Anwalt. "Ich meine, dass er schon total impotent war. Aber gestern ist er über den Teppich gestolpert und hat sich die Zunge abgebissen."

Im Reichenviertel öffnet eine neue Arztpraxis. Doch niemand kommt. Nach vier Tagen warten kommt der erste Patient. Der Arzt schnappt sich den Telefonhörer und fängt an wichtige Befunde und eine Menge medizinischer Fachwörter in den Hörer zu quatschen. Nach fünf Minuten fragt er den Patienten, der sich alles ruhig angehört hat: "Nun, was kann ich für Sie tun?" "Eigentlich nichts, ich bin der Fernmeldetechniker und soll Ihr Telefon anschließen."

Der Student verbringt seine Nachmittage vorwiegend damit, im Keller chemische Substanzen zu mischen. Eines Tages kommt der Vater runter, als der Sohn gerade etwas in die Wand schlägt. "Stefan, klopf doch bitte keine Nägel in die Wand" "Das ist kein Nagel, Dad. Das ist ein Wurm. Ich habe eine Salbe entwickelt, die alle Dinge hart wie Stein macht" "Weißt Du was, Sohn", meint Vater mit plötzlichem Interesse, "du gibst mir die Salbe und ich kauf Dir ein Auto." Als Stefan am nächsten Tag von der Uni kommt, stehen zwei nagelneue Autos in der Einfahrt. "Dad, wozu die Autos", fragt er. "Oh, die sind beide für Dich, mein Sohn. Der Golf ist von mir - und der Mercedes von Deiner Mutter"

Bravo - Dr. Sommer Team Frage: "Ich kann nur noch mittels Sandpapier oder ähnlich rauen Stoffen onanieren, weil mein Penis zu unempfindlich ist. Habe ich da eigentlich ein großes Problem?" Antwort: "Ja, aber nicht mehr lange..."

Bei einem jungen Ehepaar wird so langsam das Geld knapp. Nach langem Überlegen kommen sie zu dem Schluss, dass sie nachts anschaffen gehen muss. Als sie nach der ersten Nacht heimkommt, fragt er natürlich gleich, wie viel Geld sie verdient hat. Sie: "300 Euro und Blondine Pfennige" Er: " Toll, ist ja wahnsinnig, aber sag mal, wer hat denn die Blondine Pfennige gegeben" Sie ganz verwundert: "Wieso, jeder hat Blondine Pfennig gegeben"

Der Aufkäufer für Schweinsborsten und Rosshaare kommt auf den Bauernhof. Mein Abwiegen fehlen genau 20 Gramm, um die Ladung komplett zu machen. Der Bauer rennt mit einer Schere in die Küche, dort sitzt der Opa, dem wird der Bart abgeschnitten, mit rauf auf die Waage, jetzt stimmt es. Nach 14 Tagen sitzt Opa auf dem Kirschbaum. Oma:" Warum sitzt Du denn da oben?" Opa: " Na heute kommt der Eiermann!!"

Kommt ein Ehepaar zum Eheberater, weil es in der Ehe nicht mehr so richtig klappt. Nach der Analyse des Problems meint der Berater: "Ich zeige ihnen nun, was ihre Frau Braucht" Sprichts und nimmt sich die Frau in allen möglichen Stellungen. Als er fertig ist meint er dann: "So, das braucht ihre Frau jeden Tag". Fragt der Mann: "Muss ich dazu jedes Mal mitkommen?"

Drei Männer auf St. Pauli. Der erste geht mit 100 Euro ins Bordell und erzählt später: sie legte mir eine Ananasscheibe um den Puller, knabberte sie langsam ab, das war super. Der Nächste geht mit 200 Euro rein und erlebt dasselbe mit zwei Ananasscheiben. Mit 300 Euro geht schließlich der letzte rein und verdreht beim Erzählen die Augen: sie nahm drei Ananasscheiben, spritzte noch etwas Sahne darauf und garnierte alles mit einer Kirsche... ja, das sah dann so lecker aus, da habe ich es selber gegessen.

Zwei Bestattungsunternehmer unterhalten sich. Der Erste: "Letzte Woche haben wir eine Frau beerdigt, die hatte einen Kitzler wie eine saure Gurke." Der Zweite: "Wie? So dick und krumm?" Der Erste: "Nein, so salzig..."

Ein Arzt lässt sich seine Garageneinfahrt neu pflastern. Als die Arbeiter fertig sind, streuen sie Sand auf die neu verlegten Steine um die Fugen auszufüllen. Als der Arzt das sieht geht er zu den Arbeitern und sagt: "Jetzt wird der Pfusch also mit Sand überdeckt, damit ihn keiner sieht." Darauf antwortet ein Arbeiter: "Ja, das ist wohl die Gemeinsamkeit unserer Berufe".

Der Arzt, zu einem dringenden Hausbesuch gerufen, wird an der Haustür von einer schluchzenden Frau empfangen: "Sie sind umsonst gekommen, Herr Doktor!" - "Nicht umsonst, nur vergebens!"

Eine Frau bekommt vom Arzt Zäpfchen mit. Zuhause angekommen, kann sie sich nicht mehr erinnern, wie sie eingenommen werden. Sie fragt ihren Mann, der meint, sie solle doch den Arzt anrufen und noch mal fragen. Sie ruft an, der Arzt meint, die werden anal eingenommen. Die Frau fragt nun ihren Mann, was anal wäre, der empfiehlt den Arzt noch mal zu fragen. Die Frau ruft an und fragt, sie wisse immer noch nicht, wie die Zäpfchen eingenommen werden. Darauf der Arzt: "Die werden rektal eingenommen." Die Frau legt auf, ist aber so klug wie zuvor und ruft den Arzt noch mal an. Der meint: "Stecken sie sich die Zäpfchen in den Hintern!" Die Frau legt auf und meint zu ihrem Mann: "Ups. Jetzt ist er sauer."

Ein Ehepaar ist im Zimmer eines Krankenhauses, die Frau hat vor wenigen Stunden ein Kind bekommen. Die Frau liegt im Bett am Fenster des Zimmers, von der Tür 8 Meter entfernt. Die Tür geht auf, ein Pfleger kommt herein und hat das Kind auf dem Arm. Plötzlich dreht sich der Pfleger um und fängt an, das Kind immer und immer wieder mit dem Kopf gegen den Türrahmen zu schlagen. Die Eltern sind entsetzt, können das gar nicht glauben. Vater: "Sagen Sie mal, was soll das denn? Unser Kind!" Die Frau ist vor Schreck fast ohnmächtig geworden. Meint der Pfleger: "April, April! Es war doch vorhin schon tot!"

Ein Beamter wird mit verbrannten Ohren ins Krankenhaus eingeliefert. "Wie ist das passiert?" fragt der Arzt. "Ich habe gebügelt", berichtet der

Beamte, "da klingelte das Telefon. Ich war so in Gedanken, da habe ich statt des Hörers das Bügeleisen ans Ohr gepresst." - "Ja, aber wieso haben Sie sich dann auch das andere Ohr verbrannt?" "Na, danach musste ich doch den Rettungsarzt anrufen!"

Ein Politiker, ein Wissenschaftler und ein Beamter wollen zusammen Schnecken sammeln. Sie treffen sich alle drei am vereinbarten Ort und ziehen dann los. Nach einer halben Stunde kommt der Wissenschaftler mit 162 Schnecken zurück. Noch eine halbe Stunde später kommt der Politiker mit 87 Stück. Nun warten sie noch auf den Beamten. Nach drei Stunden kommt auch dieser endlich wieder. Er hat keine einzige Schnecke dabei. Die beiden anderen wundern sich und fragen ihn, wieso er nichts gesammelt hätte. Darauf der Beamte: "Das ist doch der Wahnsinn mit den Viechern! Ich sehe eine Schnecke, bücke mich danach, und husch, ist sie weg"!

Großer Umzug im Finanzamt! Alle Beamten tragen 2 Ordner in die neuen Amtsstuben. Nur der Müller trägt immer nur einen Ordner. Als dies der Vorsteher des Finanzamtes sieht, stellt er Müller zur Rede. Ohne langes Überlegen antwortet Müller: "Was kann ich dafür, wenn die anderen zu faul sind zweimal zu laufen"!

Wie grüßen sich Beamte? Mit der ausgestreckten rechten Hand. Was soll das bedeuten? "Heute noch keinen Finger krumm gemacht."

Es gibt jetzt an einer Uni in England ein Rattenfänger-Diplom. Man kann es an einer speziellen Akademie erwerben, oder man bekommt es automatisch, wenn man mehr als 4 Mal Mitarbeiter des Monats bei McDonalds war.

Wie spielt man Beamten-Mikado? Wer sich zuerst bewegt, hat verloren...

Lasst mal, die Beamten haben auch Stress: Gerade die Frühstückspause beendet und schon wieder Mittagessen!

Jemand kommt in die Hölle steht vorm Teufel und darf sich eine von drei Kammern aussuchen in die er gesteckt werden soll. In der ersten Kammer werden alle mit glühenden Eisen verbrannt - das sagt ihm nicht sehr zu. In der zweiten Kammer wird bloß noch fürchterlich ausgepeitscht - ist ihm immer noch zu hart. In der dritten Kammer schließlich stehen sämtliche Probanden bis zum Hals in der Scheiße und rauchen eine Zigarette. Ja, ruft der Kandidat erfreut, ich glaube das sagt mir zu. Ich nehme die dritte Kammer. Er stellt sich also zu den anderen bis zum Hals in die Scheiße und steckt sich eine an. Da kommt plötzlich ein kleines Teufelchen und sagt: "Zigarettenpause ist zu Ende, alle wieder untertauchen"

Im Himmel wird der diesjährige Betriebsausflug geplant. Man weiß aber nicht so recht, wohin man fahren soll. Erste Idee: Bethlehem. Maria ist aber dagegen. Mit Bethlehem hat sie schlechte Erfahrungen gemacht: Kein Hotelzimmer und so. Nein, kommt nicht in Frage. Nächster Vorschlag: Jerusalem. Das lehnt Jesus aber ab. Ganz schlechte Erfahrungen mit Jerusalem!! Nächster Vorschlag: Rom. Die allgemeine Zustimmung hält sich in Grenzen, nur der Heilige Geist ist begeistert: "Oh toll, Rom! Da war ich noch nie!"

Der achtzigjährige Sepp lässt sich Viagra verabreichen, weil er abends eine scharfe Blondine erwartete. Am nächsten Tag erscheint er schon wieder in der Sprechstunde. Diesmal hat er eine Sehnenscheidenentzündung im rechten Arm. "Das verstehe ich nicht", sagt der Arzt. "Sehstörungen, Herzbeschwerden: Sehnenscheidenentzündung steht nicht in der Liste der Nebenwirkungen!" "Sollte es aber!", meint Sepp. "Sie ist nämlich gar nicht gekommen - ich hingegen 23mal!"

"Und hier unser Bericht vom ersten Viagra-Gruppentest in den USA. Am Start der erste Testbumser. Erste Frau, zweite Frau, dritte Frau - Und der Teilnehmer gibt erschöpft auf. Nächste Testperson: Erste Frau, zweite Frau, dritte Frau, vierte Frau, fünfte Frau, sechste Frau und aus! Und nun der dritte Versuch: Erste Frau, zweite Frau, dritte Frau, vierte Frau, fünfte Frau, sechste Frau, siebente Frau, achte Frau - was ist nun? Kein Personal mehr vorhanden... Hilfe! Erster Reporter, zweiter Reporter, ahhh!"

Endlich wurde das Gegenmittel für Viagra ist gefunden. Es ist Terpentin! Terpentin macht jeden Pinsel weich.

Im Hörsaal sind zwei Garderobenhaken angebracht worden. Darüber ein Schild: "Nur für Dozenten!" Am nächsten Tag klebt ein Zettel drunter: "Aber man kann auch Mäntel daran aufhängen..."

Der Professor prüft die Assistenten über die Fortpflanzungsorgane. "Was ist das männliche Fortpflanzungsorgan, Fr. Mueller?" Müllerin schweigt und schweigt. "Meine Güte," schreit der Professor, „das wissen Sie nicht? Wo ich Ihnen doch jeden Tag dieses Organ eingehämmert habe?"

Am Anfang der Klausur sagt der Professor: "Sie haben genau 2 Stunden Zeit. Danach werde ich keine weiteren Arbeiten mehr nehmen." Nach 2 Stunden ruft der Professor: "Schluss, meine Damen und Herren!" Trotzdem kritzelt ein Student wie wild weiter... Eine halbe Stunde später, der Professor hat die eingesammelten Arbeiten vor sich liegen, will auch der letzte sein Heft noch abgeben, aber der Professor lehnt ab. Bläst sich der Student auf: "Herr Professor... Wissen sie eigentlich wen sie vor sich haben?" "Nein..." meint der Prof. "Großartig" sagt der Student, und schiebt seine Arbeit mitten in den Stapel...

Ein steinalter Mann hat gerade eine bildhübsche und junge Frau geheiratet. Beide finden sich zum Flittern in einem Hotel ein. Das Personal grinst in sich hinein und lästert: "Guck Dir den Opa an, der kommt morgen früh sicher total geschafft zum Frühstück ..." Am nächsten Morgen kommt der alte Herr fröhlich runter, während seine Gattin auf dem Zahnfleisch kriecht. Nach zwei Wochen flittern, am Tag der Abreise, traut sich das Personal, die Frau zu fragen: "Sagen sie, sie waren zwei Wochen lange immer erledigt, wir dachten das eigentlich eher von ihrem Mann?" "Ach, klagt sie", als ich ihn geheiratet habe, hat er gesagt, er hätte 30 Jahre gespart. Und ich dachte, er meint GELD!"

Treffen sich zwei Frauen im Park, die eine hat einen Kinderwagen dabei. "Ui, wie süß, darf ich mal reinschauen?" "Klar, warum nicht." Die Frau beugt sich über den Wagen, schaut hinein und OH GOTT! Liegt da ein Baby mit blonden Haaren und blauen Schlitzaugen. Fragt sie ganz bestürzt: "Sag mal, wie hast Du denn DAS geschafft?" "Tja, Scheiß Gruppensex!"

Zwei Lausbuben sehen ein junges Brautpaar aus der Kirche kommen. Meint der eine: "Die werde ich mal richtig erschrecken." Er läuft auf das Brautpaar zu und ruft: "Mutti, Mutti, kaufst du mir denn jetzt ein Eis?"

"Wenn du immer so unartig bist, Hannele, wirst du mal Kinder bekommen, die auch so unartig sind." "Ah, Mutti, jetzt hast du dich aber verraten...

Durchsage des Piloten auf dem Charterflug nach Thailand: "...zum Schluss noch eine Warnung: 50 Prozent der Frauen in Bangkok haben Aids und die anderen 50 Prozent Asthma." Einer der Passagiere hat nicht verstanden und fragt seinen Nachbarn: "Was hat er gesagt?" Der antwortet: "Alle, die keuchen, kannst du vernaschen!"

Vati, was hat den Mutti unter der Bluse? Das sind zwei Luftballons, und wenn sie mal stirbt, fliegt sie damit in den Himmel! Tage später kommt der Kleine: "Vati, Vati komm schnell, Mami stirbt!" "Wie kommst du denn darauf?" "Der Briefträger pustet gerade ihre Luftballons auf, und Mutti schreit immer: Oh Gott, Oh Gott, ich komme..."

Die Mutter ist mit ihrem Kind im Kaufhaus. Da sieht das Kind plötzlich ein tolles Lego Auto, welches es unbedingt haben will. Sagt die Mutter: "Du kriegst das Auto nur, wenn du mir einen Kuss gibst." Doch als sich das Kind weigert, fragt sie: "Warum willst du mir denn keinen Kuss geben?" Weil du heute Morgen Papas Pillemann im Mund hattest..."

Der Gynäkologe fragt seine 1,93 Meter große Patientin, wie sie verhüte. "Mit einem leeren Marmeladeneimer." "Wie soll denn das funktionieren?", wundert sich der Arzt. "Ganz einfach. Mein Mann ist nur 1,60 Meter groß. Beim Verkehr stellt er sich auf den Eimer. Und genau in dem Moment, wo er glasige Augen bekommt, gebe ich dem Eimer einen Tritt....."

Trifft er seinen Freund auf einem Pferd. "Wo willst Du denn hin?" "Ins Nachbardorf, meiner Freundin einen Heiratsantrag machen." "Auf einem Pferd?" "Ja natürlich. Angenommen, sie lehnt ab. Wenn ich hingehe, wird man sagen, sie hat ihn gehen lassen. Wenn ich hinfahre, wird man sagen, sie hat ihn fahren lassen. Wenn ich hin reite, wird keiner was sagen!"

Der schlecht aufgeklärte Sohn heiratet. Der Vater verspricht, sich unters Bett zu legen und Anweisungen zu geben. Die Braut entkleidet sich und geht ins Bett. "Sohn?" "ja Vater?" "Zieh dich auch aus!" "Und jetzt?" "Schmeiß dich auf sie!" Der Sohn schlägt mit dem Kopf auf die Bettkante: "Vater, es blutet" "Prima mein Sohn, mach weiter!" Boing, Boing, Boing....

Jürgen kommt begeistert zu seinem Freund und sagt: "Du, stell dir vor, ich war gestern auf einer Party, ganz toll, kann ich dir sagen. Die waren supervornehm. Platin-Bestecke, Marmortisch und so weiter - und das Tollste: Die hatten sogar goldene Toiletten." "Mir scheint, du hast zu viel getrunken", meinte der Freund und grinste ungläubig. Jürgen schlägt dem

Freund vor, sich selbst davon zu überzeugen, und so gehen sie gemeinsam zu dem vornehmen Bekannten, klingeln und erklären den Grund ihres Besuches. Darauf die Dame des Hauses: "Franz, komm mal runter, hier haben wir das Ferkel, das in das Waldhorn gepinkelt hat!"

Elvira öffnet auf der Party plötzlich ihre Bluse und zeigt Hubert ihren herrlichen Busen. Da sagt Carola entrüstet zu ihrer Freundin: "Immer fällt sie auf denselben Trick rein! Es braucht bloß einer zu sagen, er könnte sich gar nicht vorstellen, dass das alles echt sei - schon fährt sie aus den Klamotten!"

Auf der Party ist von der allerersten Minute an eine äußerst attraktive, kurvenreiche junge Frau der absolute Mittelpunkt. Fast alle Männer stehen mit großen Augen um sie herum. Da sagt Frau Bolle neidisch zu ihrem Mann: "Ich weiß gar nicht, was die Kerle alle an dieser faden Ziege finden." Antwortet er hastig: "Ich auch nicht, mein Schatz. Deswegen werde ich jetzt einmal hingegen und sie mir näher betrachten!"

Ein Bauer hat behauptet, zu wissen woher BSE kommt. Die Reporterin fragt: "Woher kommt nun BSE?" Bauer: "Sie müssen wissen, der Stier besteigt die Kuh einmal im Jahr!" Reporterin: "Aber woher kommt jetzt BSE?" Bauer: "Sie müssen auch wissen, die Kuh wird 2 Mal am Tag gemolken!" Reporterin: "Na gut, und was hat das jetzt bitte mit BSE zu tun?" Bauer: "Wenn ich Ihnen 2 Mal am Tag an den Brüsten rumgrabsche, Sie aber nur einmal im Jahr besteige, dann drehen auch Sie durch!"

Ein Jäger und seine junge Frau sind auf der Jagd. Der Mann zielt auf eine Ente, schießt und trifft. Die Ente fällt. "Prima Schuss!", meint er. Mitleidig erwidert die junge Frau: "Der Schuss war nötig. Das arme Tier hätte den Sturz aus dieser Höhe sowieso nicht überlebt."
Nach langem Drängen lässt sich ein Jäger von seiner Frau überreden, sie einmal mit auf die Jagd zu nehmen. Im Wald erklärt er ihr, wie sie das Gewehr zu bedienen hat und wie sie sich richtig versteckt. Er erklärt, dass es sehr wichtig sei, nach dem Schuss sofort zu dem erlegtem Tier hinzueilen, weil nur derjenige Besitzansprüche hat, der als erster an dem Tier angelangt ist. Gesagt, getan. Die beiden verkriechen sich in ihrer Deckung und warten. Nach kurzer Zeit hört der Jäger einen Schuss von seiner Frau. Schnell eilt er hin, um zu sehen, ob sie auch alles richtig macht. Schon aus weiter Entfernung sieht er, wie seine Frau und ein fremder Mann wild diskutierend um einen Kadaver herumstehen. Als er näher herankommt, hört er den Mann sagen: "Also gut, ich kann nicht

mehr! Bitteschön! Es ist IHR HIRSCH! - Darf ich wenigstens noch den Sattel abnehmen?"

Zwei Jäger gehen durch den Wald, als einer von ihnen plötzlich zusammenbricht. Er scheint nicht zu atmen, seine Augen sind glasig. Der andere Jäger greift zu seinem Mobiltelefon und betätigt den Notruf. "Ich glaube mein Freund ist tot. Was soll ich tun?", fragt er in Panik. "Ganz ruhig", bekommt er zur Antwort. "Überzeugen sie sich zunächst ob er wirklich tot ist." Stille, dann ist ein Schuss zu hören. Der Jäger fragt: "Gut, und was jetzt?"

Eigentlich fand es Claudia H. kindisch, aber sie konnte ihm seinen Wunsch einfach nicht abschlagen. Er wollte, dass sie Blindekuh spielt. Er verband ihr die Augen, und sie musste auf allen Vieren durch den Garten kriechen. Langsam robbte sie hierhin und da hin, tastete sich durchs Gras. Als er "heiß, ganz heiß" rief, hielt sie auch schon zwei Eier in der Hand und direkt darüber fühlte sie ihn. Sie wühlte in seinen Haaren: "Oh was für ein Riese, „ seufzte sie und kuschelte ihren Kopf hinein. „So ist es gut", sagte er, "immer schön streicheln, damit er sich an Dich gewöhnt." Sie konnte nicht länger warten, riss sich das Tuch von den Augen und freute sich über den Mümmelmann, den er ihr ins Osternest gelegt hatte!

Manfred sitzt im Cafe und hat schnell bemerkt, dass das Mädchen ihm gegenüber keinen Slip anhat. Geschickt zieht er sich Schuhe und Socken aus und fängt mit seinem großen Zeh an, bei dem Mädchen zu spielen. Eine Woche später muss er zum Arzt, weil er ein Jucken am Zeh verspürt. Der Arzt untersucht ihn und sagt: "Tja, tut mir leid, aber Sie haben Tripper am Zeh." Manfred: "Aber Herr Doktor, so was gibt es doch gar nicht!" "Haben Sie eine Ahnung, gestern war nämlich ein Mädchen hier, die hatte Fußpilz an ihrer Muschi.
Herr Maier wird in eine einsame Oase versetzt. Er kommt an und der Oasen-Leiter empfängt ihn gleich und zeigt ihm alles, zum Schluss kommen sie zu einem kleinen Stall. Der Leiter sagt:" wir haben hier keine Frauen in der Oase, aber wenn du mal Druck hast, hier im Stall ist ein Kamel..." Herr Maier unterbricht ihn und will gar nichts mehr hören und denkt sich nur, so was werde ich nie tun, bah. Nach einigen Wochen hat er Maier dann doch so starken "Druck", dass er zum Kamel geht, er denkt sich, wenn es jeder macht kann es ja nicht so schlimm sein. Er holt sich also ein kleines Leiterchen und legt los. Während er so mitten dabei ist kommt zufällig der Oasen-Leiter vorbei und sagt nur: "Dass es wirklich dringend war sehe ich ja ein, aber du hättest doch wirklich die 5 km in die

nächste Stadt zum Puff reiten können wie alle anderen auch.

Sitzen drei Iren im Pub. Auf einmal kommt ein Mann rein, deutet auf einen der Drei und ruft: "Ich hab deine Mutter gebumst!" Der Ire dreht sich um, guckt sich den Mann an und dreht sich dann wieder seelenruhig zum Tresen um sein Bier weiter zu trinken. Nach einer halben Stunde kommt der Mann erneut in den Pub, deutet wieder auf den Iren und ruft: "Deine Mutter ist der beste F*** der ganzen Stadt!" Und wieder bleibt der Ire unbeeindruckt am Tresen sitzen. Eine halbe Stunde später kommt der Mann wieder in den Pub und ruft: " Heute Nacht werde ich deine Mutter wieder bumsen!" Da steht der Ire auf nimmt den Mann auf die Schulter und sagt: "Mensch Papa, du bist total besoffen, ich bring dich jetzt nach Hause!"

Frauchen steigt aus der Badewanne, rutscht aus und die Schnecke saugt sich am Boden fest. "Ich hole sofort einen Doktor" sagt der bestürzte Ehemann und hechtet sich ans Telefon... Der Notarzt kommt und stellt fest: "Wir müssen hier den Fußboden rundherum aufhacken, um Ihre Frau wieder freizubekommen!". Der Mann fängt an zu jammern: "Um Gottes willen, der qm kostet hier 73 Euro!". Der Notarzt überlegt und sagt dann: "Fassen Sie Ihre Frau mal ein bisschen an die Titten, dann wird die Schnecke feucht und sie können sie in die Küche schieben - dort war der Fußboden bestimmt nicht so teuer..."

Beim Arztbesuch will der Arzt aus eigenem Interesse von seinem etwas älteren Patienten wissen, ob er auch noch in seinem Alter Sex hat. Dieser antwortet hingegen: "Ja fast jeden Tag. Fast am Montag, fast am Dienstag, fast am Mittwoch, fast am Donnerstag..."

Ein Mann sitzt mit seinem Papagei im Flugzeug. Auf einmal schreit der Vogel laut hinter der Stewardess her: "Hey Fotze, bring was zum Saufen!" Kurz darauf bringt ihm die Stewardess ein Glas Wasser. Sein Herr denkt sich, das kann ich auch und ruft der Frau hinterher: "Hey Fotze, bring was zum Saufen!" Darauf geht sie zum Pilot und fragt ihn: "Da hinten sitzen zwei, die sich nicht benehmen, was soll ich machen?" "Werf sie raus!" Als der Mann mit seinem Vogel so langsam dem Boden näher kommt fragt der Papagei: "Hey, kannst du fliegen?" "Nein." "Dann solltest du nicht so frech sein!!!"

Zwei Freunde fahren mit ihren frisch Vermählten auf Hochzeitsreise. In der Hochzeitsnacht treffen sich die beiden auf dem Balkon. Fragt der eine: "Na wie war es?" Der andre meint: Ach meine Frau liegt auf dem Bett und raucht."
Sagt der erste: Oh mein Gott, bei meiner ist es nicht so schlimm, die ist nur ein bisschen wund."

Musiklehrer zum Instrumetalkreis: "Die Bläser die noch keinen Ständer haben, gehen bitte nach Oben und holen sich ein runter!"

Ein junger Medizinstudent macht mit einem Arzt seinen ersten Rundgang durch ein Krankenhaus. Als sie an einem Zimmer vorbei gehen, sieht er wie ein Mann ununterbrochen masturbiert. "Was ist denn mit DEM los?", fragt der Student. "Tja, sein Problem ist, dass seine Eier viel zu viele Spermen produzieren. Wenn er aufhört zu wichsen, explodieren sie." Wow! denkt sich der Student. Ein bisschen weiter den Gang hinunter schaut er in ein Zimmer und sieht, wie eine Krankenschwester mit einem Patienten auf dem Bett liegt und ihm einen bläst. "Was hat denn DER?", fragt der Student. Der Arzt antwortet: "Gleiches Problem, aber der ist privat versichert!!!"

Kommt eine Frau zum Frauenarzt. "Herr Doktor Herr Doktor aus meiner Muschi kommen Briefmarken." Der Arzt: "Jetzt legen Sie sich erst mal hin!" Der Arzt sieht nach und meint: "Nana gute Frau, das sind keine Briefmarken, das sind Chicita-Aufkleber!"

Ein älterer Herr kommt in ein Bordell und erkundigt sich nach den Preisen. "100 EUR wenn du es ordentlich im Bett willst, 50 EUR wenn du es im Stehen machst und für 10 EUR gibt's die Nummer aufm Teppich." Der Opa zückt einen hunderter. Da fragt die Puffmutter: „Noch eine ordentliche kleine letzte Nummer im Bettchen?"
Dann antwortet der Opa: "Nix da, 10 mal auf dem Teppich"
Ein Mann und eine Frau sitzen nebeneinander im Flugzeug. Ganz aufgeregt erzählt die Frau: "Ich komme gerade von einem internationalen Frauenkongress. Dort haben wir mit ein paar alten Vorurteilen aufgeräumt. Nicht die Franzosen sind die besten Liebhaber, sondern die Schwaben, und nicht die Italiener haben die längsten Penisse, sondern die Indianer." Darauf der Mann: "Entschuldigung, ich vergaß mich vorzustellen. Gestatten, Walter Häberle."

Zwei Nutten im Fahrstuhl. Sagt die eine, "es stinkt hier nach Wixe!" Sagt die andere, "tschuldigung ich hab gerülpst...."

Eine chinesische Bäuerin geht zum Frauenarzt. "Immer wenn ich arbeite ist zwischen meinen Beinen alles rot und gereizt." Da sagt der Arzt sie soll mit in ihrer Arbeitskleidung wieder kommen. Der Arzt untersucht sie und nimmt eine Schere zur Hand, schnippelt etwas herum und fragt wie sie fühlt. Die Bäuerin ist beschwerdefrei und fragt wie er das gemacht hat, da sagt der Arzt: "Ich hab nur die Gummistiefel ein Stück abgeschnitten."

Eine dicke Frau geht zur ersten Untersuchung zum Frauenarzt. Dieser erklärt ihr den Stuhl und wie sie sich draufzusetzen hat. Die Frau steigt mühsam auf den Stuhl und spreizt schön die Beine. Der Arzt dreht sich zu ihr um und schaut sie eine Weile an. "So liebe Frau und nun furzen sie." "Gehört das zur Behandlung?" "Nein, zu meiner Orientierung!!!"

Tarzan gibt einer Urwald-Forscherin ein Interview. Sie: "Und wie hältst du es mit deinem Sexualleben?" Tarzan: "Ach ich suche mir einfach ein Loch im Baum." Sie: "Also wenn du willst darfst du es gerne mit mir mal probieren." Daraufhin nimmt Tarzan Anlauf und tritt ihr voll vors Schienbein. Sie: "Aua, was soll denn der Scheiß?" Tarzan: "Wollte mich nur vergewissern, dass sich kein Eichhörnchen in dem Loch versteckt!"

Als Opa wieder mal auf die Oma will meint diese: "Pass aber auf. Ich hab es doch im Kreuz." Darauf Opa: "Gut das du mir das sagst. Ich hätte es noch an der alten Stelle gesucht."

Treffen sich zwei ~~Blondinen~~ zum Mittagessen: "Was gibt's denn eigentlich?", fragt die eine. Antwortet die andere: "Spaghetti mit Sperma!" "Igitt igitt... Spaghetti!"

Am Stammtisch... Heinz erzählt seinen Kumpels: "Ich flieg nächste Woche nach Thailand" Die Kumpels: "DU SAU!!!" Meint Heinz: "Nene, ich flieg doch mit meiner Frau." Die Kumpels: "Du dumme Sau!"
Erzählt ein Mann seiner Frau, dass er zum Arzt eine Urin-, Stuhl- und Spermaprobe mitbringen muss. Darauf seine Frau: "Schatz, nimm doch deine braune Cordhose!"

"Elvira, Sie tragen heute sicher keinen BH!" "Wieso?" Ihre Gesichtshaut ist so glatt..."

Ein Bauernsohn aus Schleswig- Holstein, nicht mehr ganz taufrisch, soll heiraten. Der Vater sagt: "Wenn du nicht in einem Jahr eine Frau gefunden hast, nimmst du die Grete." Der Sohn widerspricht vehement, die ist mir zu hässlich und zu doof. Aber er findet keine andere und so heiratet er die Grete. Aber die ist so hässlich, wenn er mit ihr ins Bett will, zieht er ihr eine Mütze über den Kopf. Eines Tages geht sein bestes Stück, der Traktor, kaputt. Er legt sich darunter und versucht ihn zu reparieren. Grete steht dabei und guckt zu. Da sagt er zu ihr: "Hol mal die Zange." Sie geht los und brummelt: "Zange holen, Zange holen, usw." Kommt zurück und bringt das verlangte Werkzeug. Dann sagt er: "Hol mal die Ölkanne." Sie geht los und brummelt: "Kanne holen, Kanne holen, usw." Kommt mit der Kanne zurück. Dann sagt er: "Bring mir mal einen Schraubenschlüssel." Sie geht los: "Schlüssel holen, Schlüssel holen" und kommt mit dem Hausschlüssel zurück. Er schreit: "Du bist zu allem zu blöd, sogar zum bumsen." Sie geht los: "Mütze holen, Mütze holen."

Mädchen mit Pferdeschwanz sucht Jungen mit gleichen Eigenschaften...

Ein junger Mann fährt mit seinem Fahrrad an einen See, lässt dort alle Hüllen fallen und badet nackt. Als er wieder heraus kommt, sind alle seine Klamotten geklaut worden. Zum Glück hatte er noch ein Handtuch dabei, dieses bindet er sich notdürftig um die Hüften und radelt nach Hause. Unterwegs trifft er eine bildhübsche Anhalterin, sehr gut gebaut und mit einem echt knappen Minirock bekleidet. Die möchte gerne mitgenommen werden und er bietet ihr an, sich doch auf die Mittelstange zu setzen. Nach einer Weile sagt sie: "Ich muss Ihnen was gestehen, ich habe unter dem Rock nichts an." Darauf er: "Ich muss Ihnen auch was gestehen, ich habe ein Damenfahrrad!!"

Da sitzen zwei Amerikaner am Pool des FKK-Strandes, ein weißer und ein schwarzer, und lassen ihre kleinen Prinzen ins Wasser hängen. Der Weiße meint nach einer Weile "25,8 Grad". Darauf der Neger: "Ja, und 2,50 Meter tief".

Vier Schiffbrüchige landen auf einer einsamen Insel. Da es sich bei den Schiffbrüchigen um drei Männer und eine Frau handelt müssen sie sich natürlich überlegen wie sie ihr Leben organisieren, schließlich gibt es doch gewisse Bedürfnisse die Mann bzw. Frau hat. Man kommt zu der Entscheidung dass sich jeden Tag ein anderer Mann zur Frau begeben darf. Auch die Frau hat nichts gegen diese Entscheidung einzuwenden. Diese Regelung funktioniert wirklich wunderbar, aber leider nur zwei Jahre lang, denn dann ist die Frau gestorben. Die erste Woche nach dem Tod der Frau war sehr hart, die zweite Woche war nahezu extrem, die dritte Woche war schon unerträglich und in der vierten Woche wurde die Frau dann begraben...

"999...1000...1001... - Liebling", jubelt der Tausendfüßler, "es ist ein Junge!"

"Petra, möchtest du lieber ein Brüderchen oder ein Schwesterchen?" "Och, wenn es nicht zu schwer für dich ist, Mutti, möchte ich am liebsten ein Pony."

Was ist der Unterschied zwischen einer 7jährigen, 17jährigen, 27jährigen und 37jährigen? Die 7jährige bekommt man mit einem Märchenbuch ins Bett, Die 17jährige bekommt man mit einem Märchen ins Bett, Die 27jährige ist ein Märchen im Bett Und die 37jährige sagt: "Erzähl` kein Märchen geh` ins Bett !!!"

Abends im Ehebett flüstert der Börsenmakler seiner schönen jungen Frau ins Ohr: "Die Aktien steigen. Der Kurs ist fest". Sie räkelt sich. "Nein, die Börse ist heute geschlossen." Missmutig dreht er sich auf die Seite, aber seine Frau lässt sich die Sache noch einmal durch den Kopf gehen und turtelt dann: "Schatz, die Börse hat ihre Pforten doch noch geöffnet. Ich nehme die Aktien zu Höchstwert." "Zu spät", knurrte der Makler. "Ich habe sie schon unter der Hand verschleudert."

Harald liebt Hanna nach einem Platzregen im Stehen an einer Eiche. Bei jeder Bewegung nickt Hanna zustimmend. Harald ist selig: "Es macht dir wohl riesigen Spaß!" "Ja, schon", sagt Hanna, "aber da muss ein Zipfel meines Schals mit hineingeraten sein..."

Im Schlafabteil eines Zuges: Ein junges Paar, intensiv miteinander beschäftigt auf dem oberen Bett, ein älterer Herr im unteren Bett. Minutenlanges hin- und her des Paares, wie das Baby heißen soll. Schließlich Übereinkunft: Engelbert. RUMMS, Zug ist entgleist, Licht aus, alle aus den Betten gefallen. Sie: "Schatz, wo bist Du?" Er: "Hier unterm Fenster, und Du?" Sie: "An der Tür" Alter Herr: "...und euer Engelbert hängt mir aner Backe!"

Ein Mann hat sich den Namen seiner Freundin Uschi auf den Schwanz tätowieren lassen. In der Sauna sitzt er neben einem Neger auf dessen Schwanz das Wort "Wendy" steht. "Hey, ist das auch der Name deiner

Freundin?" "Nein, da steht Welcome to the Bahamas, have Fun and a nice Holliday..."

Der Mann schenkt der Blondine ein Handy. Sie geht am nächsten Tag ins Kaufhaus. Plötzlich ruft der Mann sie an. Sie fragt: "Hallo, Schatz, woher weißt du denn, dass ich im Kaufhaus bin?"
Eine Blondine ist es leid, dass alle sich über sie und ihre Haarfarbe lustig machen, und färbt sich deshalb die Haare schwarz. Einige Tage später geht sie überglücklich am Deich spazieren, wird nicht mehr blöd angemacht und findet es toll. Da begegnet sie einem Schäfer mit seinen Schafen. Sie fragt den Schäfer: "Du, wenn ich errate, wie viel Schafe du hast, bekomme ich dann eins?" Der Schäfer ist einverstanden, und die Blondine rät: "293!" Die Zahl ist richtig, und sie greift sich ein Tier und geht weiter. Da ruft ihr der Schäfer hinterher: "Wenn ich errate, welche Haarfarbe Sie früher hatten, ~~krieg~~ ich dann meinen Hirtenhund wieder?"

Das junge Paar hat herrliche Ferienwochen am Tegernsee verbracht. Als sich die jungen Leute nach dem Urlaub beim Portier verabschieden, flüstert er: "Es freut mich, gnädige Frau, gnädiger Herr, das es Ihnen bei uns so gefallen hat. Darf ich Ihnen unser Hotel für den Fall empfehlen, dass Sie wirklich bald heiraten?"

Vor dem Hotel in Krakau stand auf einer Tafel zu lesen: "Hier wird Englisch, Französisch, Deutsch und Italienisch gesprochen!" Der Gast versuchte in allen Sprachen, sich zu verständigen. Keine Antwort. Schließlich fragte er auf jüdisch: "Wer spricht denn hier eigentlich die Sprachen'?" Antwortet der Portier: "Nur die Gäste', schöner Herr!"

"Was meinst du, wie viele Kilometer es noch bis zur Grotte sind...?" "Dreieinhalb." "Das hast du vor einer Stunde doch auch gesagt" "Na glaubst du, Ich ändere so schnell meine Meinung?"

Ein Gast steht vor der Rezeption des Hotels: "Ich habe ein Einzelzimmer bestellt. Mein Name ist Hecht." "Mit fließendem Wasser?" "Nicht nötig, ich heiße nur so."

Der Lord führt eine Gruppe Touristen durch sein Schloss. Einer der Besucher hat eine außerordentliche Ähnlichkeit mit dem Lord. "War Ihre Mutter vielleicht einmal Stubenmädchen bei uns?", fragt der Adelige herablassend. "Nein", erwidert der Besucher, "aber mein Vater hat vorübergehend als Gärtner im Schloss gearbeitet."

Ein Tourist geht in spazieren. Da kommt ihm ein dicker Araber entgegen, der auf einem Esel reitet und seine Pfeife raucht. Hinter ihm trottet, ein paar Meter entfernt, seine Frau. Sie trägt auf dem Kopf ein großes Bündel und hat es schwer, zu folgen. Der Tourist sagt empört zu dem Araber: "Ich finde es unerhört, das Sie reiten, und Frau muss mit dem Gepäck hinterherlaufen!" Inzwischen ist die Frau näher gekommen und schreit den Touristen wütend an: "Lasse ihn in Ruhe! Oder denkst du, ich will zu Hause einen müden Mann haben?"

Ein Professor der Kinderheilkunde hielt an einer Uni eine Gastvorlesung über Kinderkrankheiten und zeigte dazu Dias von einem kleinen Mädchen, das an einer davon litt. Ein Student hatte aus Jux ein paar Dias aus dem Projektor Magazin genommen und dafür Aktfotos einsortiert. Als das erste auf der Leinwand erschien, ließ sich der Vortragende nicht im Geringsten davon beirren. "Und hier", fuhr er ohne zu stocken fort, "sehen wir das Mädchen nun als Erwachsene, völlig geheilt."

Ein Anwalt und ein Ingenieur treffen sich beim Fischen in der Karibik. Der Anwalt erzählt: "Ich bin hier, weil mein Haus niederbrannte. Das Feuer zerstörte alles. Aber meine Versicherung bezahlte alles, ja es blieb sogar etwas übrig, so dass ich mir nun diesen Urlaub leisten kann." - "Das ist aber ein Zufall, „ sagt darauf der Ingenieur, "ich bin hier, da eine Überschwemmung mein Haus und all meine Sachen zerstörte. Auch meine Versicherung bezahlte so gut, dass ich mir nun den Urlaub leisten kann." Der Anwalt ist nun verwirrt und fragt: "Wie haben sie eine Überschwemmung gemacht?"

Der Nikolaus steht mit der Rute in der Hand drohend vor dem unartigen Fritzchen. Bevor er jedoch etwas sagen kann, ruft Fritzchen ganz aufgeregt: "Schnell Papi, ruf doch mal unseren Anwalt an...!"

Mit seinem Anwalt geht der Mandant noch einmal die Abrechnung durch. "Nichts gegen die Spesen für das Mittagessen", sagt er, "obwohl ich eigentlich dachte, Sie hätten mich eingeladen. Aber was soll denn das hier: Beratung bei Arbeitsessen - 50 Euro?" - "Erinnern Sie sich denn nicht mehr?" will der Anwalt wissen, "da habe ich Ihnen doch zu den gedünsteten Krevetten in Madeira geraten."

Gerda will sich scheiden lassen. Der Anwalt fragt: "Trinkt ihr Mann?" - "Nein." - "Schlägt er Sie?" - "Nein." - "Und wie steht es mit der ehelichen

Treue?" - "Damit kriegen wir ihn! Zwei von unseren Kindern sind nicht von ihm!"

Ein junger, erfolgreicher Rechtsanwalt öffnet die Türe seines Wagens etwas unvorsichtig. Diese wird von einem Laster abgerissen. Aufgeregt hüpft der Anwalt von einem Bein aufs andere: "Mein BMW, mein nagelneuer BMW." Mittlerweile ist ein Polizist an der Unfallstelle eingetroffen. Kopfschüttelnd geht er zu dem Anwalt: "Ihr Anwälte seid so materialistisch, dass Sie vor lauter Aufregung über die Beschädigung an Ihrem BMW nicht mal merken, dass Ihnen der Laster den ganzen Arm abgerissen hat." Entsetzt blickt der Anwalt auf den Armstumpf. Kreidebleich antwortet er dem Polizisten: "Wo zur Hölle liegt das Ding? Da ist noch meine Rolex dran."

Jochen beim Fallschirmspringen. Als sich 1500 Meter über dem Boden der Schirm nicht öffnet, wird er nervös. Bei 1000 Meter bekommt er Angst. In 500 Meter Höhe packt ihn die schiere Verzweiflung. Als es gerade noch drei Meter sind, meint Jochen lässig: "Halb so wild. Das kleine Stück schaffe ich auch ohne Fallschirm."

Sagt der Ohrenschmalz: "Jeden Morgen kommt so ein Wattestäbchen und stochert in meinem Revier rum, aber ich verstecke mich immer gleich hinter dem Trommelfell, da erwischt es mich nicht." Sagt die Karies: "Bei mir kommt jeden Tag ein paar Mal so eine doofe Bürste vorbei, aber ich verstecke mich immer gleich hinter dem Weisheitszahn, da passiert mir auch nichts." Sagt das Scheidenpilzchen: "Und bei mir kommt jeden Abend so ein Glatzkopf vorbei, weiß nicht ob er rein oder raus soll und am Schluss kotzt er mir auch noch die Bude voll..."

Was ist der Unterschied zwischen Liebe, wahrer Liebe und übertriebener Liebe? Blasen, Schlucken, Gurgeln!

Gehen 3 Männer zum Arzt, ein Alkoholiker, ein Kettenraucher und ein schwuler. Als der Alkoholiker zur Sprechstunde geht, sagt ihm der Arzt, dass wenn er noch einen Tropfen Alkohol trinkt er sterben wird. Dem Raucher sagt er dass er bei der nächsten Zigarette tot umfallen wird und dem schwulen sagt er, dass er sterben wird sobald er noch einmal mit einem Mann Geschlechtsverkehr hat. Es kam wie es kommen musste der Alkoholiker findet eine Flasche Bier, trinkt dieselbe aus und stirbt auf der Stelle. Der Schwule und der Raucher gehen zusammen vom Arzt weg. Der Raucher findet auf der Straße eine Zigarette, da sagt der Schwule: "Wenn du dich jetzt bückst, sind wir BEIDE tot!"

Eine Nonne steht am Straßenrand und will per Anhalter mitgenommen werden. Endlich hält ein Mercedes an und der Fahrer kurbelt das Fenster runter. Die Nonne steckt ihren Kopf rein und will grad etwas sagen, als der Fahrer das Fenster plötzlich wieder schließt und die Nonne mit dem Kopf eingeklemmt ist. Der Fahrer steigt aus stellt sich hinter die Nonne und nimmt sie von hinten. Als er fertig ist prahlt der Fahrer: "Ha! Wir Mercedes-Fahrer sind schon kluge Kerle, was?" Daraufhin die Nonne: "Wir Schwulen aber auch!"

Kommt ein 80ig Jähriger in die Apotheke und hebt 2 Finger. Die Apothekerin:" Was 2?" Mann: "Na 2 Viagra" "Wozu brauchen sie in Ihrem Alter noch Viagra?" "Na heute kommen 2 scharfe Miezen zu mir da gehts mal wieder rund!!" Einen Tag später kommt der Mann wieder in die Apotheke und hebt 5 Finger. Die Apothekerin: „was heute 5 Viagra???" "Nein Handcreme die Mädels sind nicht aufgetaucht!!"

Ein junger, katholischer Pfarrer wird als Vertretung des alten, ortsansässigen Pfarrers gerufen, da dieser zu einer Kirchentagung muss. Am zweiten Tag seiner Vertretungszeit kommt ein Mann und möchte beichten. Er sagt: "Vater, ich habe gesündigt, ich habe gestern mit meiner Frau Analverkehr betrieben." Der junge Pfarrer fühlt sich etwas überfordert, da er nicht weiß, welche Strafe der alte Pfarrer aufgeben würde. Also bittet er den Mann kurz zu warten, verlässt den Beichtstuhl und zitiert einen der Messdiener zu sich, um ihn um Rat zu fragen. Pfarrer: "Sag mal, was gibt der Alte für Analverkehr?" Messdiener: "Och, mal ein Mars, mal ein Schnickers..."

Eine Legionskaserne mitten in der Wüste. Seit drei Monaten haben die Soldaten keine Frau gesehen. Dann taucht im Rahmen der Truppenbetreuung eine Stripperin auf. Sie beginnt ihren Striptease. Bei jedem Kleidungsstück, das sie ablegt brandet tosender Applaus auf. Als sie schließlich ganz nackt ist, herrscht Stille. "Gefalle ich euch denn nicht mehr?", fragt sie die Soldaten. Einer der Legionäre antwortet: "Dann klatschen sie einmal mit einer Hand."

"Warum sind denn in dieser Bar alle Hocker nummeriert?" will ein Gast von seinem Nebenmann wissen. "Der Keeper dreht alle halbe Stunde am Roulette. Und wenn die Zahl des Hockers kommt, auf dem man sitzt, darf man im ersten Stock bei einer wilden Orgie mitmachen." - "Mensch, das ist ja super! Und warum machen Sie dann so ein mürrisches Gesicht?" - "Meine Nummer kommt und kommt nicht. Aber meine Verlobte ist gerade zum vierten Mal oben."

Nachdem meine Verlobte und ich uns seit einem Jahr kennen, haben wir beschlossen nächsten Monat zu heiraten. Die Mutter meiner Verlobten, meine zukünftige Schwiegermutter also, ist genial (und außerdem super sexy). Sie hat sich um alles gekümmert: Zeremonie, Kirche, Fotograf, Abendessen, Blumen, **us**w. Gestern hat sie mich angerufen. Ich soll bei ihr vorbeikommen um die Liste der Gäste nochmals durchzugehen, und ein paar Namen zu streichen von Personen meiner Familie, da wir zu viele Leute eingeladen haben. Ich bin dann hingefahren, und wir sind durch die Liste gegangen. Schließlich haben wir uns auf 150 Gäste geeignet. Auf einmal wurde ich fassungslos, als sie zu mir sagte, ich sei ein sehr attraktiver Mann. In einem Monat würde ich verheiratet sein und dann nichts mehr möglich wäre, also wünschte sie sich nichts anderes als mit mir zu schlafen, und zwar sofort. Sie stand auf und ging voller Sinnlichkeit aufs Schlafzimmer zu.
Sie flüsterte mir noch zu, ich wüsste ja sehr gut, wo sich die Haustür befand, falls ich gehen wollte. Ich blieb festgenagelt stehen, fast 3 Minuten lang.
Ich überlegte... Was sagte mein Verstand? Was sagten meine Gefühle? Und dann wusste ich, welchen Weg ich gehen würde. Ich rannte zur Haustür, ging hinaus... und fand Ihren Vater mit engen Verwandten lächelnd an meinem Auto stehen. Ich glaube, er sagte etwas wie: "Wir wollten dich testen, um sicher zu sein, dass unsere geliebte Tochter einen ehrwürdigen und ehrlichen Mann heiratet. Diesen Test hast du bestanden."
Er
umarmte mich ohne dass ich auch nur ein Wort sagen konnte, und alle gratulierten mir. PS: Zum Glück hatte ich meine Kondome im Auto und nicht in der Hosentasche ...
Drei junge Männer werden des Nachts erwischt, als sie sich im Garten eines Nonnenklosters herumtreiben. Sie werden der Oberin vorgeführt. Diese fackelt nicht lange und sagt: "Das hat Konsequenzen. Wir werden euch eures besten Stückes entledigen, und zwar in der Art und Weise eures Berufes.
Der erste Mann tritt vor: "Ich bin Holzfäller." Daraufhin wird eine Axt geholt und das beste Stück abgehackt. Der zweite Mann tritt vor: "Ich bin Tischler. „Die Nonnen holen einen Hobel und trennen das beste Stück ab. Da tritt der dritte Mann vor, grinst und sagt: "Bei mir können sie lange

lutschen, ich arbeite in einer Bonbonfabrik."

Frau zum Frauenarzt: "Herr Doktor ich habe starke Unterleibsschmerzen." "Lassen sie mal sehen... ganz klar - Sie haben zu wenig Sex. Aber ich kann Ihnen helfen." Der Arzt zieht seine Hose runter und besorgt es der Frau. Danach schickt er sie zu seinem Kollegen einen Raum weiter, der soll sich das auch noch mal anschauen. Der Kollege hat dieselbe Diagnose und dieselbe Therapie. Auch dieser schickt sie zu seinem Kollegen ein Raum weiter, damit der sich das nochmal anschaut. Die dritte Diagnose lautet: "Ganz klar sie haben zu viel Sex!" "Aber ihre Kollegen haben gesagt, ich hätte zu wenig Sex!" "Ach junge Frau, hören sie doch nicht auf die Maler..."

Geht ein Jäger auf die Bärenjagd. Nach einer Weile sieht er einen Bär und schießt. Als sich der Rauch verzieht, bemerkt er, dass er den Bären verfehlt hat. Plötzlich tippt ihm der Bär auf die Schulter und sagt: "Entweder ich ficke dich oder ich bringe dich um!" Jäger: "Ok, fick mich" Danach geht der Jäger verärgert nach Hause und schwört sich selbst, den Bären am nächsten Tag zu töten. Am nächsten Tag geht es wieder los. Er sichtet den Bär schießt und trifft wieder nicht. Der Bär tippt wieder an seine Schulter und sagt: "Entweder ich darf dich wieder ficken oder ich bringe dich um."
Der arme Jäger lässt sich wieder ficken und kehrt nach Hause. "Diesmal erwische ich den scheiß Bären bestimmt", sagt er vor sich hin und geht am nächsten Tag wieder auf die Jagd. Sieht wieder den Bär schießt aber wieder daneben. Der Bär steht wieder hinter Ihm und sagt diesmal: "Du kommst wohl nicht zum Jagen in den Wald!?"

Eine Beamtengattin bittet ihren Hausarzt um eine Arznei, die die Erkältung ihres Mannes möglichst schnell vertreibt. Der Doktor verschreibt der Frau einen Saft mit dem Hinweis abends einen Esslöffel dieser Arznei einzunehmen, gut zudecken, tüchtig schwitzt und dann wird der Gute wieder. Die Frau tut, wie der Medicus ihr aufgetragen hat. Sie verabreicht ihrem Mann den Saft, packt ihn warm ein und lässt ihn schwitzen. Am nächsten Morgen ist der Mann tot. Entsetzt lässt die Frau den Arzt kommen, der sieht den Toten und fragt: "Welchen Beruf übt Ihr Mann aus?" Antwort die Witwe: "Beamter!" Darauf der Arzt:" Das hätten Sie mir aber sagen müssen, gute Frau! Ein Beamter, das weiß doch jeder, stirbt lieber, bevor er schwitzt!"

Ein leitender Beamter verbringt seinen Urlaub auf einem Bauernhof. Nach drei Tagen Entspannung fängt er an sich zu langweilen. Er fragt den Bauern, ob dieser nicht Arbeit für ihn hätte. Der Bauer überlegt kurz und sagt dann: "Der Stall könnte mal ausgemistet werden". Der Bauer fährt anschließend zum Markt, um seine frischen Erdbeeren zu verkaufen. Als er nach drei Stunden nach Hause kommt ist der Stall bereits vollständig gemistet. Er denkt, unsere Staatsdiener scheinen ja wirklich belastbar zu sein. Am nächsten Tag fragt der Gast erneut nach Arbeit. Der Bauer antwortet, er habe seine letzte Kartoffelernte noch im Keller. Der Gast möge diese doch mal sortieren. Die großen in die Verkaufskisten und die kleinen in die Tierfutterkiste... Am späten Abend kehrt der Bauer nach einer ausgiebigen Sauftour heim. Er denkt sich: Nun will ich doch mal schauen, ob dieser Gast schon mit seiner Arbeit fertig ist... Er geht in den Keller,
nichts ist bisher gemacht. Dafür sieht er in der Ecke eine jämmerliche Gestalt mit einer Kartoffel in der Hand, die ständig schluchzt:" Ich bin seit 25 Jahren im Staatsdienst, ich habe immer treu gedient... Warum muss ich jetzt eine Entscheidung treffen?

Ein Mann, der mit seinem Hund abends noch eine Runde dreht, sieht einen Betrunkenen aus der Kneipe taumeln. Erstaunt bleibt er stehen, als er sieht, dass der Betrunkene mit der flachen Hand über die Dächer der geparkten Autos streicht. Neugierig geworden, fragt er den Betrunkenen: „Was machen Sie da?" "Ich suche mein Auto." "Aber so werden Sie es doch nie finden." "Doch, da ist ein Blaulicht drauf!"

Morgens, 7 Uhr. Die Frau stellt dem Beamten das Frühstück vor die Nase, inklusive Zeitung. Sie frühstücken, er liest die Zeitung, keiner sagt etwas. Drei Stunden später sitzt er immer noch am Tisch, liest die Zeitung, nickt ab und zu ein, schaut manchmal aus dem Fenster... Da sagt die Frau: "Sag mal, Schatz, musst du heute gar nicht ins Büro fahren?" Er springt total erschrocken auf: "Mist, ich dachte, da wäre ich längst..."

Fünf Deutsche fahren in einem Audi Quattro über die deutsch-österreichische Grenze. Da hält sie der österreichische Zöllner an und sagt: "Einer von ihnen muss aussteigen, dies ist ein Audi Quattro und deshalb nur für 4 Personen zugelassen!" Die 5 Deutschen sind ganz verblüfft und halten den Zöllner für ausgesprochen blöd und dumm. Einer von ihnen fordert den Zollbeamten auf, seinen Vorgesetzten zu holen. Darauf antwortet der: "Das geht leider nicht. Der zerrt gerade den Beifahrer aus einem Fiat Uno!!!"

Liegen zwei im Bett und vögeln, beim Orgasmus kommt er heftig. Sie schaut ihn entsetzt mit großen Augen an: "Schatz, ist das alles Liebe oder pisst du mich gerade an?!?"

Kommt ein Mann zu einer Feier im 99. Stockwerk eines Wolkenkratzers. Dort trifft er einen Mann der sagt: "Die Swingungen dieses Gebäudes sind so gut, wenn Du da aus dem Fenster springst, stoppst du kurz bevor du aufkommst. Und dann fliegst Du wieder hoch." – "Blödsinn! Dann mach doch mal!" erwidert der Mann ungläubig. Ersterer geht zum Fenster springt hinaus und es passiert, was er vorausgesagt hatte: Er fliegt hinunter und schließlich wieder hoch. Der Partybesucher glaubt seinen Augen kaum und will es natürlich auch ausprobieren. Er springt... und fällt... und fällt... und schlägt schließlich auf dem Boden auf. Die anderen Besucher reihen sich um den anderen und meckern: "Mensch Supermann, wenn du besoffen bist kannst du so fies sein!"

Hält eine Polizistin eine Blondine an und bittet um Vorlage des Führerscheins. Die Blondine frägt: "Führerschein? Was ist das? Wie sieht der aus?" "Das ist das, wo ihr Lichtbild drin ist." Die Blondine kramt in ihrer Tasche und entdeckt sich in ihrem Taschenspiegel, den sie daraufhin der Polizistin gibt. Diese klappt den Spiegel auf und stottert: "Tschuldigung, wenn ich gewusst hätte, dass Sie Polizistin sind, hätte ich Sie nicht angehalten!"

Ein Ehepaar beschließt dem Winter in Deutschland zu entfliehen und bucht eine Woche Südsee. Leider kann die Frau aus beruflichen Gründen erst einen Tag später als ihr Mann fliegen. Der Ehemann fährt wie geplant. Dort angekommen bezieht er sein Hotelzimmer und schickt seiner Frau per Laptop sogleich eine Mail. Blöderweise hat er sich beim Eingeben der E-Mail-Adresse vertippt und einen Buchstaben vertauscht. So landet die E-

Mail bei einer Witwe, die gerade von der Beerdigung ihres Mannes kommt und die Beileidsbekundungen per E-Mail abruft. Als ihr Sohn das Zimmer betritt, sieht er seine Mutter bewusstlos zusammensinken. Sein Blick fällt auf den Bildschirm, auf dem zu lesen steht: An meine zurückgebliebene Frau, von Deinem vorgereisten Gatten, BETREFF: Bin gut angekommen. Liebste, bin soeben angekommen. Habe mich hier bereits eingelebt und sehe, dass für Deine Ankunft alles schon vorbereitet ist. Wünsche Dir eine gute Reise und erwarte Dich morgen. In Liebe, Dein Mann. PS: Verdammt heiß hier unten.

Eine Blondine, eine Rothaarige und eine Schwarzhaarige machen einen Trip durch den Dschungel. Kommt ein hungriger Löwe langsam und knurrend auf sie zu. Die Brünette und die Schwarzhaarige schnappen sich den Sand vom Boden und werfen ihn dem Löwen in die Augen. Dann klettern sie auf einen Baum und rufen der Blondine zu: "Schnell, komm hoch!" Antwortet sie: "Warum, habe ich dem Löwe Sand ins Auge geworfen oder wart ihr das?"

An der Bar fragt ein Mann seinen Nachbarn: "Soll ich Ihnen mal 'nen Blondinen-Witz erzählen?" Antwortet der: "Schau mich an, ich bin 1,90 m groß, ausgebildeter Bodybuilder, - und ich bin blond. Meine Freundin hier neben mir ist 1,80 groß, eine gut durchtrainierte Zehnkämpferin und - sie ist blond. Daneben sitzt meine Schwester, Westlerin, wiegt 80 kg - und sie ist blond. Willst du jetzt immer noch den Blondinen-Witz erzählen?" "Nein, nein", antwortet der Mann, "nicht, wenn ich ihn hinterher dreimal erklären muss."

Ein Lastwagenfahrer muss an einer Ampel halten. Springt eine Blondine zur Fahrertür: "Ich bin die Mandy mit dem Handy und sie verlieren Ladung!" Er fährt weiter. Bei der nächsten Ampel passiert dasselbe. An der dritten Ampel noch mal: "Ich bin die Mandy mit dem Handy und Sie verlieren Ladung!" Sagt der Lastwagenfahrer. "Ich bin der Günter, es ist Winter und ich fahre ein Streufahrzeug!"

Auf der Party sagt ein Mädchen zu Oskar: "Den idealen Mann findet man einfach nicht. Entweder haben sie einen Bauch, eine Glatze - oder sie sind schon alt und vergammelt." Nickt Oskar. "Das stimmt, alles auf einmal können Sie nicht verlangen, ich sehe phantastisch aus, aber dafür bin ich leider ein klein wenig eingebildet."

Stehen zwei Offiziere zusammen und streiten darüber, ob Sex Spaß oder Arbeit ist. Nach einiger Zeit kommt ein Oberfeldwebel vorbei und wird von den beiden herangerufen. "Hey, Oberfeldwebel! Wir streiten gerade darüber, ob Sex Arbeit oder Spaß ist! Was meinen Sie?" Der Oberfeldwebel überlegt eine kurze Zeit und sagt dann: "Meine Herren, Sex kann nur Spaß sein! Wäre es Arbeit, müsste ich das ja auch noch für Sie übernehmen..."

Schreibt einer auf den Zettel bei der Musterung: "Kann nicht sprechen!" Kommt der Arzt und sagt: "Legen Sie die Hand auf den Tisch und Schließen sie entspannt die Augen!" Der junge Mann macht die Augen zu und der Arzt haut mit 'nem Hammer drauf. "Aaahhh!" - "Super! Und morgen lernen wir das 'B'."

Ein Mann kauft sich Viagra. Zu Hause verlässt ihn der Mut, weil in der Presse so viele negative Meldungen erschienen sind. Er beschließt, zuerst seinem kleinen Hund eine Pille zu verabreichen. Weißt Du, was geschah? Der Hund musste 14 Tage lang Männchen machen...

Ein Frosch hat im Garten des Altersheims eine Viagratablette gefunden und gefressen. Eine Stunde später hüpft er vergnügt durchs hohe Gras und ruft immer wieder: "Ich bin ein Schwan, ich bin ein Schwan." Da trifft er einen Storch. "Hey, was ist los mit dir? Du bist ein Frosch und kein Schwan." Der Frosch zieht wortlos seine Hose runter. Meint der Storch: "Mein lieber Schwan!"

Eine alte Hexe hat Viagra genommen, das ja bekanntlich auch bei Frauen wirkt, und läuft durch den Wald. Auf ihrer Schulter sitzt ein Rabe. Als ein junger Mann vorbeispaziert, verspürt sie massive Frühlingsgefühle und sagt zu ihm: "Wenn du erkennst, was da auf meiner Schulter sitzt, verspreche ich dir eine Liebesnacht mit mir!" Der junge Mann verzieht angewidert das Gesicht und meint: "Eine Kuh?!" Darauf die Hexe: "Weil du es bist, lasse ich das gerade noch durchgehen ..."

Sitzt ein Mann in Spanien in einem Restaurant und schaut seinem Gegenüber auf den Teller, der mit etwas sehr großem bedeckt ist. Er fragt dann nach einiger Zeit: "Was haben Sie da eigentlich auf dem Teller?" Antwortet der Andere: "Das sind Stierhoden. Eine Delikatesse!" Nach einem kurzen Gespräch arrangiert der Andere, dass der Mann nach dem nächsten Stierkampf auch einmal die Hoden bekommt. Als es soweit ist, kommt der Kellner mit einem großen Teller, auf dem jedoch nur zwei kleine Hoden liegen. Da fragt der Mann den Kellner: "Was soll das denn? Warum sind die Hoden denn so klein?" Antwortet der Kellner: "Dieses Mal hat der Stier gewonnen!"

Reisender: "Hätten Sie ein Zimmer für die Bundeskanzlerin, wenn sie käme?" Portier: "Aber klar, jederzeit!" Reisender: "Dann geben Sie mir bitte ihr Zimmer. Sie kommt heute nicht!"

Ein Mann will die Katze seiner Frau heimlich loswerden und beschließt, sie auszusetzen. Er nimmt sie mit ins Auto, fährt 20 Häuser weit, setzt die Katze aus und fährt heim. Zehn Minuten später ist die Katze auch wieder da. "Na gut", denkt sich der Mann, "war vielleicht ein wenig zu kurz die Strecke". Setzt sich wieder mit der Katze ins Auto, fährt 5 Kilometer weit und setzt sie aus. Zwanzig Minuten später ist die Katze wieder zu Hause. "Jetzt reichts!" denkt sich der Mann, nimmt die Katze mit ins Auto und fährt 20 Kilometer, dann durch den Wald, über eine Brücke, rechts, links und setzt die Katze dann schließlich mitten im Wald auf einer Lichtung aus. Eine halbe Stunde später ruft der Mann zu Hause an. "Ist die Katze da?" fragt er seine Frau. "Ja, warum?" "Hol sie mal ans Telefon, ich habe mich verfahren."

Gehen zwei Zahnstocher im Wald spazieren. Plötzlich läuft ein Igel an ihnen vorbei. Da sagt der eine Zahnstocher zum anderen: "Sag mal, wusstest du, dass hier ein Bus fährt?"

Ein Hund kam in eine Metzgerei und stahl einen Braten. Glücklicherweise erkannte der Metzger den Hund als den eines Nachbarn, eines Anwalts. Der Metzger rief den Anwalt an und sagte: "Wenn Dein Hund einen Braten aus meiner Metzgerei stiehlt, dann bist doch wohl für die Kosten verantwortlich, oder?" Der Anwalt erwiderte: "Natürlich. Wie viel kostet das Fleisch?" "30 Euro." Ein paar Tage später erhielt der Metzger einen Scheck über 30 Euro mit der Post. Angeheftet war eine Rechnung mit folgendem Text: "Rechtsauskunft: 350 Euro."

Morgendliche Verkehrskontrolle: "Haben Sie vielleicht noch Restalkohol?" - "Nein, aber da vorn am Kiosk müssten sie schon was kriegen können."

Fahrzeugkontrolle. "Ihr linkes Rücklicht brennt nicht", belehrt der Polizist den Lastwagenfahrer. Der steigt aus, geht nach hinten und bleibt fassungslos bei seinem Fahrzeug stehen. "Sehen Sie, es funktioniert nicht", wiederholt der Beamte freundlich. "Zum Teufel mit dem Rücklicht", schnauzt ihn der Kapitän der Landstraße an. "Sagen Sie mir lieber, wo mein Anhänger geblieben ist."

"Ach ja", seufzt eine alte Dame, "die Jugend ist heutzutage viel verdorbener als zu unserer Zeit. Und es wird immer schlimmer!" - "Stimmt", bestätigt die Freundin, "jetzt müsste man jung sein!"

"Deine Tochter war doch im Urlaub auf Sizilien, hat sie denn auch ein Souvenir mitgebracht?" - "Oh ja, morgen ist Taufe."

"Du kommst mir vor wie ein Löwenzahn." - "Wieso?" - "Na ja, einmal kurz geblasen und der ganze Samen ist weg!"

"Herr Doktor, meine Frau sagt, mein Penis ist zu klein." Der Arzt empfiehlt eine Transplantation - ihm wird erfolgreich ein Baby-Elefantenrüssel ran montiert. Nach einiger Zeit treffen sich die beiden wieder. Der Arzt: "Na, wie geht's?" - "Alles super. Nur zum Frühstück schnappt er sich immer ein paar Zuckerwürfel."

"Mami, hast du eigentlich den Wecker kaputt gemacht?" - "Wie kommst du denn darauf?" - "Papi hat doch gestern gesagt: 'Jetzt spielst du wieder so lange damit, bis er steht, und morgen verschlafen wir!'"

"Stimmt es wirklich, dass Helen ungewöhnlich sparsam ist?" - "Ja, die geht sogar mit fremden Männern ins Bett, um ihren eigenen zu schonen."

"Wenn mein Mann und ich uns tagsüber lieben wollen, schicken wir unsere Kinder zum Spielen in den Garten." - "Ach deshalb haben Ihre Kinder eine so gesunde Gesichtsfarbe."

"Würdest du es rumerzählen, wenn du morgens aufwachen würdest und dich an nichts mehr erinnern könntest, blutige Knie hättest und dir zudem noch ein Kondom aus dem Hintern hinge?" - "Nein." - "Wollen wir zusammen in Urlaub fahren?"

Als der Chinese lang genug mit dem Mädchen geflirtet hat, bittet er sie auf sein Hotelzimmer. Dort erweist er sich als exzellenter Liebhaber. Danach geht er auf den Balkon, atmet tief durch, kriecht unters Bett und kommt auf der anderen Seite wieder hervor und beginnt auf's neue mit dem

Liebesspiel. Als sich das ganze sechsmal wiederholt hat, ist das Mädchen am Ende ihrer Kraft. Sie beschließt den Trick des Chinesen einmal auszuprobieren, geht zum Fenster, atmet tief durch und will unters Bett kriechen. Aber das geht nicht, dort liegen schon fünf Chinesen!

Aufschrift auf dem Kondomautomaten auf der Kneipentoilette: "Wenn der Automat defekt ist, wenden Sie sich bitte an den Portier. Wenn der Automat nicht defekt ist, wenden Sie sich bitte an eine unserer Kellnerinnen."

Bauer Erwin liest in der Dorfzeitung, dass man durch Eigenbesamung der Schweine viel Geld sparen kann. Er packt seine Schweine, fährt in den Wald und nimmt sie richtig durch. Zu Hause stellt er sich den Wecker auf vier Uhr, denn wenn alles geklappt hat, quieken die Schweine um diese Zeit. Um vier steht er auf, nicht, kein quieken. Er nimmt die Schweine, fährt wieder mit ihnen raus und nimmt jedes Schwein zwei Mal durch. Doch wieder hört er morgens um vier nicht den kleinsten Ton. Er wiederholt das Spiel, nimmt nun jedes Schwein drei Mal durch. Um halb fünf am nächsten Morgen kommt seine Frau angerannt. „Was ist los?" ruft Erwin. „Quieken die Schweine?" – „Nein, aber sie sitzen im Auto und hupen."

Der Chef zu seiner Sekretärin: "Nun kommen Sie endlich!" - "Moment bitte noch, auf meinem Stenoblock steht noch etwas." - "Ja meinen Sie denn, hier steht nichts für Sie?"

Der Ritter reitet auf seinem prächtigen Streitross durch den Wald, plötzlich macht es „puff" und eine gute attraktive Fee steht vor ihm. Fee: „Ja, mein lieber Ritter, jetzt hast du drei Wünsche frei." Ritter: „Ich hab nur einen – und den dreimal hintereinander."

Der Weihnachtsmann, als er das nackte Mädchen auf dem Sofa findet: "Tu ich's, komme ich nicht wieder in den Himmel. Tu ich's nicht, komme ich nicht wieder durch den Kamin."

Die rassige Schwarzhaarige fliegt nach dem vierwöchigen Ibiza Urlaub heim. Sagt der linke Oberschenkel zum rechten: "Hallo! Dich habe ich ja eine Ewigkeit nicht mehr gesehen!"
Die wahre Bedeutung der Altersbegrenzung von Filmen: "Ab 12 Jahren" heißt: Der Held bekommt das Mädchen. "Ab 16 Jahren" heißt: Der Schurke bekommt das Mädchen. "Ab 18 Jahren" heißt: Jeder bekommt das Mädchen.

Ehe die Eltern aus dem Haus gehen, erklärt der Vater dem Verehrer seiner Tochter streng: "Ich mache Sie darauf aufmerksam, dass hier bei uns spätestens um elf Uhr das Licht ausgemacht wird." - "Keine Angst", antwortet der junge Mann, "wir wollten sowieso nicht lesen."

Ein Fernfahrer, der von Wien nach Salzburg fährt, nimmt eine Autostopperin mit. Nach einigen Kilometern meint er: "Du bist diese Woche schon die zweite Schwangere, die ich nach Salzburg mitnehme." Entrüstet sagt das Mädchen: "Ich bin doch nicht schwanger." Antwortet der Fernfahrer: "Ja, wir sind auch noch nicht in Salzburg."

Ein junger Mann kommt in die Kneipe und bestellt sich 5 Jägermeister. Fragt der Wirt: " Ist was zu feiern?" - "Wie man's nimmt, ich hatte gerade meinen ersten Blow-Job." Antwortet der Wirt: "Darauf gebe ich Dir noch einen aus!" Sagt der junge Mann: "Also wenn fünf nicht helfen, wird auch der sechste den Spermageschmack nicht wegbekommen."

Ein Mann fragt eine Frau: "Würden Sie für 1.000.000 Euro mit mir schlafen?" Sie: "Klar doch." Darauf er: "Würden Sie auch für 10 Euro mit mir schlafen?" Sie: "Nein, wofür halten Sie mich!" Er: "Das haben wir geklärt, jetzt geht es nur noch um den Preis..."

Ein Mann fährt nachts auf einer Landstraße. Plötzlich springt ein Eichhörnchen aus dem Gebüsch. Der Mann macht eine Vollbremsung. Das Eichhörnchen ist von oben bis unten mit Scheiße beschmiert. Mitleidig, wie der Typ ist, nimmt er ein Taschentuch und macht es sauber. Kaum ist er damit fertig, springt schon das nächste aus dem Gebüsch, genauso beschmiert wie das erste. Also macht der Mann es auch wieder sauber. Als es sauber ist, springt noch ein drittes aus dem Gebüsch, genauso bekleckert. Dem Mann kommt das ziemlich spanisch vor, aber tierlieb wie er ist, putzt er es auch ab. Als er mit diesem fertig ist kommt eine Stimme aus dem Gebüsch: "Entschuldigung, haben sie vielleicht noch ein Taschentuch, mir sind die Eichhörnchen ausgegangen..."

Ein Mann kommt in den Puff. Es ist Stromausfall, er sieht also nichts. Also fängt er an zu tasten. Er findet etwas und denkt sich: "Warm, weich, feucht, haarig!" und rammelt rein. Als er aus dem Puff geht kommt ein bärtiger Mann hinter ihm her: "Bah, wenn ich die Sau erwische!"

Ein Mann macht Urlaub auf einem Bauernhof. Gleich am ersten Tag sticht ihn eine Wespe in seinen Penis. Der Mann wendet sich an den Bauern und dieser rät Ihm seinen Penis in Milch zu baden. Gesagt getan, er badet ihn in Milch. Zufällig kommt die 18 jährige Tochter des Bauern vorbei und schaut sich die Sache interessiert an. Da meint der Gast zu Ihr: "Hast Du so was noch nie gesehen?" Sagt Sie: "Das schon, aber noch nie wie der wieder aufgetankt wird."

Ein Mann sieht seine Frau aus der Badewanne steigen. Geht er zu ihr hin und drückt ihr auf die Brustwarze. „Was soll das denn?" fragt sie erstaunt. „Ich klingele.", sagt der Mann. „Und warum?" fragt seine Frau. „Weil da unten einer steht, der rein will."

Ein Matrose kommt von einer langen Seereise wieder in seinem Heimathafen an und begibt sich sogleich ins nächste Bordell. Er fragt nach einem Mädchen, welches ihm einen blasen soll. Er geht mit ihr aufs Zimmer und sie macht sich ans Werk. Nach 10 Minuten nimmt sie ihn raus und fragt: "Sag´ mal, wird der denn überhaupt nie steif!" Er antwortet: "Der soll ja auch nicht steif werden, sondern sauber..."

Er streichelt ihr über den Körper und sagt: "Ich liebe deine Berge und Täler." - Sie: "Und wenn im Tal nicht bald geackert wird, dann wird das Land verpachtet."

Neulich in der WG. Ruft die eine aus ihrem Zimmer: "Ist der Postbote schon gekommen?" Antwort aus einem der anderen Zimmer: "Nein, aber er atmet schon ganz heftig."

Peter morgens im Bett: "Das war ja eine tolle Party gestern Abend. Aber sag mal, wessen Frau bist du denn eigentlich?"

Rosi und Maurus sehen auf einem Bauernhof den Zuchtbullen bei der Arbeit zu. Rosi zum Landwirt: "Wie oft kann der denn?" - "Jeden Tag." Als Rosi daraufhin ihren Gatten spöttisch ansieht, lacht der Bauer: "Aber immer mit einer anderen Kuh."

Sagt Diana zu ihrer besten Freundin: "Merkwürdig, jedes Mal wenn ich niese, kriege ich einen Orgasmus." - "Interessant, und was unternimmst Du?" - "Pfeffer, immer wieder Pfeffer ... "

Sie: "Du kommst mir irgendwie vor wie ein Löwenzahn." - Er: "Wieso?" -

"Na ja, einmal kurz geblasen und der ganze Samen ist weg."

Sonja zu ihren Freundinnen: "Da geh ich gestern durch den Wald und da steht plötzlich vor mir ein nackter Mann. Ihr glaubt ja gar nicht, wie ich gerannt bin!" - "Und, hast du ihn eingeholt?"

Viele Wochen schon ist der Handelsvertreter unterwegs. Eines Abends geht er in ein Bordell, wirft der Puffmutter eine Handvoll zerknüllter Scheine hin und verlangt: "Die hässlichste, die Sie haben!" Die Chefin zählt schnell nach und bedeutet ihm, für so viel Geld könne er auch die Hübscheste bekommen. "Kein Interesse," brummt der Mann, "ich bin nicht geil - ich habe Heimweh!"

Vor der Hochzeitsnacht fragt die Braut die Mutter, was sie in der Hochzeitsnacht anziehen solle. Diese meint: "Kauf die eine paar schöne Strapse und er wird ganz scharf." Die Oma auf dieselbe Frage: "Ein schönes durchsichtiges Nachthemd, da kann er sicher nicht wiederstehen." Uromi antwortet auf die Frage: "Gar nichts, nur die Knie, aber die bis zu den Ohren."

Zwei Freunde treffen sich. "Du, ich habe mit deiner Frau geschlafen. Sind wir jetzt verwandt?" - "Na, verwandt vielleicht nicht, aber quitt."

An der Kinokasse hängt ein Schild: Sonderpreis! Soldaten nur ein Euro! Geht die blonde Susi hin, legt zehn Euro auf den Tisch und säuselt errötend: „Bitte zehn von der Marine ...!"

Blonde Mutter empört zu ihrer 16 Jahre alten Tochter: "Mit 16 schon einen Freund, aber den 32.Geburtstag der Mutter vergessen!"

Die attraktive Blondine wird auf der Straße von einem jungen Mann angesprochen: „Wie viel ...?" – Sie wird rot und peng, verpasst sie ihm eine schallende Ohrfeige. Da meint er stammelnd und benommen: „... Uhr ist es, bitte?"

Drei Blondinen gingen spazieren. Die erste sagte: "Mein Freund hat mir einen Kugelschreiber geschenkt, obwohl ich noch gar nicht schreiben kann." - Die zweite sagte: "Mein Freund hat mir ein Buch geschenkt, obwohl ich noch gar nicht lesen kann." - Die dritte sagte: "Mein Freund hat mir einen Deo Roller geschenkt, obwohl ich noch gar keinen Führerschein habe!"

Ein Mann überlegt, wie er ein paar Tage Sonderurlaub bekommen kann. Am besten scheint es ihm, verrückt zu spielen, damit sein Chef ihn zur Erholung nach Hause schickt. Er hängt sich also im Büro an die Zimmerdecke. Da fragt ihn seine blonde Kollegin, warum er das denn tut und er erklärt ihr es. Wenige Minuten später kommt der Chef, sieht seinen Angestellten an der Decke: „Warum hängen Sie an der Decke?" – „Ich bin eine Glühbirne." – „Sie müssen verrückt sein, gehen Sie mal für den Rest der Woche nach Hause und ruhen Sie sich aus. Montag sehen wir dann weiter." Der Mann geht und die blonde Kollegin auch. Auf die Frage des Chefs, warum sie denn auch gehe, sagt sie: „Im Dunkeln kann ich nicht arbeiten."

Eine Blondine in einem Sportwagen hält bei einer Verkehrstafel an. Ein Obdachloser klopft an ihre Windschutzscheibe und verlangt eine Zigarette. Sie gibt ihm eine und fährt los. Als sie wieder bei einer Verkehrstafel anhält, klopft der Obdachlose wieder an ihre Windschutzscheibe und verlangt Feuer. Sie gibt ihm Feuer und fährt los. Als sie wieder bei einer Verkehrstafel anhält, klopft der Obdachlose erneut an ihre Windschutzscheibe. Sie fragt ihn: "Wie machst du das, dass du immer, wenn ich anhalte, neben meinem Wagen stehst?" Der Obdachlose antwortet: "Gib mir 10 Euro und ich helfe dir aus dem Kreisverkehr!"

Eine Blondine ist in Geldnot geraten und beschließt, ein Kind zu entführen. Sie geht also in den Park, schnappt sich einen kleinen Jungen und zerrt ihn hinter ein Gebüsch. Auf einen Zettel schreibt sie: "Ich habe Ihren Sohn gekidnappt. Legen Sie morgen früh 100.000 Euro in einer braunen Papiertüte hinter den großen Baum im Park. Unterzeichnet: Die Blonde". Dann heftet sie den Zettel mit einer Sicherheitsnadel dem Kind innen an den Anorak und schickt es schnurstracks nach Hause. Am nächsten Morgen findet sie hinter dem großen Baum im Park eine braune Tüte mit 100.000 Euro, außerdem einen Zettel: "Hier ist Ihr Geld. Ich hätte nie geglaubt, dass eine Blondine einer anderen so etwas antun kann..."

Sie nahm ihn in den Mund, ihre Wangen wurden rund, sie blies immer mehr, er wurde immer größer. Dann gab es einen lauten Knall - der Kaugummi war zerplatz.
Eine Blondine kommt in die Bücherei und sagt zum Bibliothekar: "Letzte Woche habe ich mir ein Buch von ihnen ausgeliehen. Es war das langweiligste, das ich je gelesen habe. Die Story war schwach und es kamen viel zu viele Personen vor!" Der Bibliothekar lächelt und sagt: "Oh,

Sie müssen die Person gewesen sein, die das Telefonbuch mitgenommen hat..."

Eine Blondine ruft Ihren Freund im Büro an: "Schatz, ich habe hier ein Puzzle, aber ich kann's nicht. Jedes Teil gleicht dem anderen." Darauf der Freund: "Hast du eine Vorlage?" "Ja, auf der Schachtel ist ein roter Hahn. Aber es klappt trotzdem nicht." Der Freund: "Reg dich nicht auf, wir versuchen es heute Abend zusammen." Am Abend sieht er sich die Schachtel an. Großes Schweigen. Dann sagt er: "So, jetzt packen wir die Cornflakes wieder ein und reden nicht mehr darüber!"

Eine Blondine zieht auf der Straße einen Strohballen hinter sich her. Ein Spaziergänger fragt verwundert: "Warum ziehen Sie denn den Strohballen hinter sich her?" - Die Blondine erwidert: "Man kann ja nicht alles im Kopf haben!"

Eine Schwarzhaarige, eine Brünette und eine Blondine hören eines Abends, wie Einbrecher versuchen, die Haustür zu öffnen. Die drei entscheiden sich, in den Keller zu gehen und sich in Säcken zu verstecken. Als die Einbrecher im Haus nichts finden, entdecken sie die offene Kellertür und gehen hinunter. Dort sehen sie die drei Säcke, und voller Neugier tritt einer gegen den ersten Sack, in dem sich die Schwarzhaarige befindet. Die Schwarzhaarige: "Wau, wau!" Einbrecher: "Ach, nur ein Köter." Der zweite Sack wird getreten. Brünette: "Miau, miau!" Einbrecher: "Ach, nur eine Katze." Der dritte Sack wird getreten. Blondine: "Kartoffeln, Kartoffeln, Kartoffeln!"

Einem jungen, blonden Mädchen, das mit dem Auto unterwegs ist, geht das Benzin aus. Ein Indianer nimmt sie mit. Sie setzt sich hinter ihm aufs Pferd. Alle paar Minuten stößt der Reiter einen wilden Schrei aus. Schließlich setzt er das Mädchen an einer Tankstelle ab und entfernt sich mit einem letzten „JUHUU!" „Was haben Sie denn da gemacht?" fragt der Tankwart das Mädchen. „Nichts, ich habe hinter ihm gesessen und mich am Sattelhorn festgehalten." - „Mein liebes Kind, Indianer reiten ohne Sattel!"

Sitzen drei Blondinen vor einem großen See und wissen nicht, wie sie herüberkommen sollen. Kommt eine Fee vorbei und meint: "Ich erfülle jeder von euch einen Wunsch!" Sagt die erste: "Ich möchte 100 mal klüger als die anderen sein." Und sie schwimmt über den See. Sagt die andere:

"Ich möchte 10.000 mal klüger sein als die andere." Und sie baut sich ein Floß und fährt rüber! Sagt die letzte: "Ich möchte 100.000 mal schlauer sein!" Und sie macht einen Schritt nach rechts und geht über die Brücke!

Unterhalten sich zwei Blondinen. Sagt die eine: "Stell dir vor, ich war gestern im Kaufhaus. Plötzlich war Stromausfall und ich steckte zwei Stunden im Fahrstuhl fest." Meint die andere: "Ich war auch dort und musste zwei Stunden auf der Rolltreppe stehen."

Warum lässt sich eine Blondine auf 'nem Berg begraben? - Damit sie noch ein paarmal bestiegen wird.

Warum sind Blondinen Witze so kurz? Damit die Brünetten sie behalten können.

Was dauert länger? Einen Schneemann oder eine Schneeblondine zu bauen? Schneeblondine! Du musst ja noch den Kopf aushöhlen.

Was denkt eine Blondine wenn sie in 10 Meter Entfernung eine Bananenschale auf der Straße liegen sieht? Scheiße, gleich flieg ich auf die Schnauze!

Was haben Blondinen und Feuerwehrautos gemeinsam? Beide machen einen tierischen Krach wenn sie kommen.

Wie spielen Blondinen russisches Roulette? - Mit fünf Smarties und einer Antibaby-Pille!

Zwei Blondinen gehen durch den Wald, plötzlich sagt die eine: "Schau mal! Eine Hasenfährte..." - "Nein nein nein", sagt die andere, "das ist eindeutig eine Rehfährte". Diskutierend folgen sie der Spur - Beide wurden vom Zug überfahren.

Zwei Blondinen versuchen mit einem Draht ihr Auto zu öffnen. Sagt die eine: "Mach mal vorwärts, es beginnt zu regnen und das Verdeck ist noch offen!"

Zwei Blondinen warten auf den Bus. Sagt die eine: "Ich warte auf Bus Nr. 2." Sagt die andere: "Ich auf Nr. 4." Kommt ein Bus, die Nr. 24. Sagt die eine: "Oh, prima, jetzt können wir zusammen fahren."

„Herr Doktor", sagt die hübsche Blondine, „wissen Sie, mein Mann hat furchtbare Schmerzen in der Brust!" Der Arzt betrachtet sie und sagt: „Dann ziehen Sie sich mal aus und zeigen mir genau, wo!"

"Hier in diesem Park habe ich meine Frau so richtig kennen gelernt!" - "Ach, dann habt ihr wohl hier den ersten intimen Kontakt gehabt?" - "Nein, hier hat sie mich mit meiner Geliebten erwischt."

"Schön blöd! Du leihst dem Meyer 5000 Euro, und der brennt mit deiner Frau durch." - "Wieso blöd, was glaubst du, weshalb ich sie ihm geborgt habe?"

"Seit dem ich verheiratet bin, macht mir Sex überhaupt keinen Spaß mehr", klagt Sabine, "jedes Mal, wenn wir gerade anfangen wollen, kommt mein Mann ins Zimmer."

"Sorgt der Martin eigentlich gut für dich, Sabine?" - "Oh ja! Ich habe nur Angst davor, dass er dabei mal von seiner Frau erwischt wird."

"Wünscht der Herr etwas?", fragt der Hotelpage nachdem er dem Paar das Zimmer geöffnet hat. "Nein, Danke." - "Und für die Frau Gemahlin?" - "Oh, das hätte ich beinahe vergessen", antwortet der Herr, "bringen sie mir bitte eine Ansichtskarte."

Der Ehemann findet seine Frau mit dem Arzt im Bett. Der Arzt versucht zu erklären: "Ich wollte nur das Fieber messen!" Der Mann holt seelenruhig sein Gewehr aus dem Schrank und meint: "Jetzt ziehen Sie ihn ganz langsam raus, und wenn keine Zahlen draufstehen, dann Gnade Ihnen Gott!"

Der Herr des Hauses geht auf Geschäftsreise. Beim Abschied sagt er: „Sollte ich wider Erwarten noch übers Wochenende bleiben, schreibe ich dir eine Karte!" – „Nicht nötig", so die Gattin, „die Karte kenn ich schon. Sie war in deiner Manteltasche."

Der Psychiater zu Lotta: "Unterhalten Sie sich mit Ihrem Mann, wenn Sie Sex haben? - "Aber nein, der hat doch gar kein Telefon auf der Baustelle."

Die Frau des Stadtdirektors überrascht ihren Mann im Büro mit der Sekretärin auf dem Schoß. Geistesgegenwärtig diktiert er: „Trotz der finanziellen Krise ist die Anschaffung eines zweiten Stuhls unumgänglich."

Er: „Ich werde Vater." Sein Kumpel: „Und warum schaust du dann so unglücklich?" Er: „Meine Frau weiß nichts davon."

Fritzchen kommt nach der Schule ganz aufgeregt nach Hause: „Du, Mami, wir haben heute in der Schule gelernt, wie eine Kuhfamilie heißt. Wären wir Kühe, dann wäre ich doch das Kalb, oder?" Die Mutter: „Ja, das ist richtig." Fritzchen: „Und du wärst dann die Kuh!" Mutter: „Ja, auch das stimmt." Fritzchen weiter: „Und Papa wäre dann der Bulle?" Mutter: „Nein, Fritzchen, das stimmt nicht. Er wäre dann der Ochse. Der Bulle wohnt in Berlin, aber den kennst du nicht ..."

In der Silvesternacht wünscht sich Sabine von ihrem Mann: „Auch im neuen Jahr möchte ich nie erfahren, dass du fremdgehst ..." Er: „Kein Problem, ich werde es auf jeden Fall für mich behalten."

Lisa heult sich bei Sarah aus: "Ich liebe meinen Mann, aber ich fürchte, er ist mir untreu. Was soll ich nur tun?" - "Du musst seine Eifersucht wecken. Betrüg ihn auch mal!" - "Das bringt nichts, das mach ich schon seit drei Jahren."

Sagt der Chefarzt zum Besucher: "Ich verspreche Ihnen, mein Lieber, wenn Ihre Gattin unsere Klinik verlässt, werden Sie eine ganz andere Frau haben." - "Da haben Sie Recht", nickt der Ehemann verwundert, "Aber woher wissen Sie das?"
Schatz, jetzt sind wir so lange zusammen, aber nie redest du vom Heiraten. Hast Du etwas gegen die Ehe? - Überhaupt nicht. Schau, hier ist ein Foto meiner Frau.

Sie liegt mit ihrem Liebhaber im Bett und fragt plötzlich: "Bist du eigentlich gut versichert?" Der Mann leicht irritiert: "Warum fragst du?" - Weil man Mann gerade nach Hause kommt ..."

Susi hat ein Kind bekommen. Stolz zeigt sie es ihrer Freundin Kathi. „Glückwunsch!", sagt Kathi. „Aber warum hast du es Gabriele genannt?" – „Ich bin mir eben nicht sicher, ob es vom GAsmann, vom BRIefträger oder vom ELEktriker ist.